THE 21 LECTURES GIVEN BY
THE SILENT TEACHERS

無言老師

給 我 們 的 **21** 堂
解 剖 課

AUTHORS
編 著

陳 新 安 教 授
伍 桂 麟

前言

陳新安教授

香港中文大學醫學院「無言老師」遺體捐贈計劃轉瞬踏入十周年，中大醫學院也步入四十周年。我們忽發奇想，希望出版另一本以「無言老師」為主題的書籍，以作慶祝和記念。適逢其會，收到出版社的邀請，籌備新書的工作便立即展開。

我們有一個心願，盼望盡量尋找不同方法和途徑，表揚「無言老師」對醫學教育的貢獻。這些無私的奉獻者，都懷着一個美好的願望，當地上的路跑完後，捐贈寶貴的身體給醫學生作解剖學習。在解剖過程中，同學除了認識人體的構造和病變，亦會領會人的生命無常。他們能得此機會學習，不只是一己之努力，更需師長、家人和遺體捐贈者的付出，才能成事，同學們實應感恩。當中的一二事，我們都記錄在 2018 年出版的《無言老師——遺體捐贈者給我們的生死教育課》。此書以遺體捐贈背後的故事說出人文精神及生死觀，盼望能感動讀者，推動遺體捐贈的文化。此書奪得多個出版大獎，包括第二屆香港出版雙年獎的社會科學組別「最佳出版獎」、第五屆香港金閱獎「最佳醫療健康書籍」、第十六屆十本好讀「教師推薦好讀（中學組）第一位」，見證社會對遺體捐贈文化的認識和改變。

創作新書《無言老師給我們的 21 堂解剖課》，是希望藉着故事或生活常見案例，透過圖文由淺至深進入「解剖學」的世界，對人體構造，生理及病變有初步的認識。內文附有真實人體標本照片，啟發讀者從解剖學基礎初探人體奧妙，亦從每篇課題最後的訪問中，反思科學背後的人生哲理。在遺體捐贈的描寫部分，希望從生死教育日漸普及下，說明捐贈者及家屬的思想轉變，讓讀者了解書

中醫學知識的同時，亦能觀乎人文精神的面貌。

《無言老師給我們的 21 堂解剖課》的出版，實在要感謝團隊在過去數月的努力。首先是另一位編著者香港中文大學醫學院遺體防腐師及解剖室經理伍桂麟先生，亦要感謝法醫人類學家李衍蒨小姐，以及中大生物醫學學院的老師、中大醫學院各專科教授及中大醫學院舊生，他們都不吝賜教、增潤本書的內容。還有感謝明報出版社的同事，他們都全心投入此書的編輯工作，特別是付印前的日子，日以繼夜的審稿和排版，這書才得及時出版。最後當然要感謝由香港出版總會主辦，香港特別行政區政府「創意香港」（創意香港）贊助之「想創你未來——初創作家出版資助計劃」，提供了資金及各方面支援，讓此書得以出版。

盼望此書能延續無言老師的心願，透過這本科學普及讀物，將基礎醫學教育傳與大眾。

SILENT TEACHERS

CONTENTS

解剖學的 歷史 與 發展

01

人體的解剖課

02

03

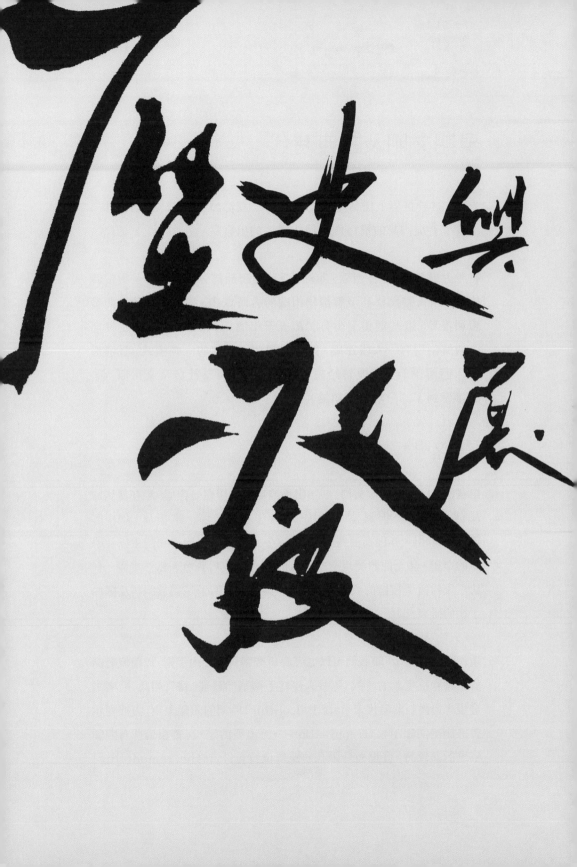

010

CLASS 01.1
解剖學的歷史
與發展

早期文明
及古典時代

早期文明及古典時代

人類，對於世界上任何生物及其結構一直都感到好奇。自古以來，
不少學者從肉身的構造作為尋找靈魂的出發點。

有考古學者指出，在西歐、非洲、亞洲及澳洲都分別找到一些與當時
族群了解人體結構甚至解剖學相關的古時壁畫，經過考古角度的鑒
證和推算，這些壁畫至少有二萬五千年歷史！當然，其準確度與現
今的解剖學有一大段距離，但的確說明了以前的一些儀式、祭儀都
與人體解剖有關。換句話說，當時的民眾因為社會及文化原因，
間接學到了部分解剖學知識。

早期文明

這些前人留下的考古文物，展示出不論是解剖學還是醫學，現在得到的
成就並不是一步到位。當中，牽涉了很多「壞」醫學及「壞」解
剖知識。但，亦因為這些「壞」知識令到現代解剖學得到醫生以及學
生的尊重。甚至他們發現一些前人的技術及技巧到今天依然準確——
比用現代醫學技術的我們更為精準！其中一個例子是對於腦科及顱內
手術的研究。

現代醫療的進步，讓我們可以更專心研究腦科及顱內手術。以前沒有麻
醉藥劑和抗生素的時候，這些入侵性手術猶如死刑！儘管如此，有考古
發現來自舊石器時代末（late Paleolithic）時期的頭顱上，有證據顯示
曾經施過開顱手術（trephination）。更重要的是，在審視這些有開顱
痕迹的頭骨時，發現頭骨鑽孔的邊緣位置有骨質修復（remodeling）

Course Title

THE 21 LECTURES GIVEN BY
THE SILENT TEACHERS

無言老師
給我們的 21 堂解剖課

011

的痕迹，即表示接受手術的那位古人不但進行了手術，而且沒有在手術過程中死去。當然，不是每一個接受這個「人類手術及醫學史上最古老的手術」的古人都能夠痊癒，但在 2018 年有學術報告刊登新發現，指出在前哥倫布時期，有開顱手術痕迹的頭顱上，手術成功率高達八成（四百年後美國內戰時的成功率只有五成）。在古時，開顱手術的用意多用作為體內的「惡靈」（evil spirits）提供一個離開渠道。他們相信任何有精神健康問題或是疾病的人，頭骨或顱骨骨折、頭痛等，都是與「惡靈」潛伏體內有關。學者 Durand 及 Barlow 更記載，有些偏遠部落直到今天依然採用這樣的治病方式。

在新石器時代亦有同樣的打洞頭顱，從找到的考古洞穴壁畫及器皿推斷，該時代的人有相信神、相信預兆，同樣亦相信惡靈及護身符之說。他們廣泛地認為只要是疾病就是惡靈所致，所以開顱手術是當時的人請薩滿（Shaman）巫師對生病的人施行的驅魔儀式。這些打過洞的頭顱被留下，相信是因為可以當成降伏惡靈的辟邪物。

到古埃及時，古埃及的木乃伊裏面也有發現到不同的病理狀況，包括：動脈硬化、結石、肺炎、寄生蟲等疾病。另外，現時部分重要器官及身體結構的名字都是由古埃及人命名。在公元前 3000 年，字眼如「腦部」（brain）、「腦膜」（meninges）、「腦脊液」（cerebrospinal fluid）已出現在象形文字當中。因此，最早有關醫學的圖文字紀錄均來自古埃及的草紙卷（papyrus）。雖然有很多圖文記載，但按照 Habbal 指出，很多醫學界人士都認為古埃及人對解剖學只略懂皮毛。其中一個原因是在古埃及木乃伊製作過程中，會在屍體上開一個小洞口放血，但這不等於認知內臟的位置。2005 年，科學家借助現今科技嘗

試辨識一個木乃伊頭的身分,他們想從木乃伊口中拔出一隻牙以抽取DNA,透過電腦掃描時發現,這個木乃伊頭不但缺少了部分臉頰骨和部分顎骨,而且任何有關咀嚼以至可以協助嘴巴合上的肌肉都不見了,這些肌肉的結合點都被除去。兩名醫生 Dr. Paul Chapman 及 Dr. Gupta 提出大膽假設:這是古代埃及製作木乃伊的「開口儀式」(opening of the mouth ceremony),是希望逝者在後世仍然可以飲食及呼吸。Dr. Gupta 指出,這是一個非常困難及複雜的手術,尤其當屍體已經呈現屍僵(rigor mortis)的時候。「這個手術必須要移除部分下顎,但這個骨頭的下刀準確程度都令人詫異!如此複雜的下顎冠狀突切除手術(coronoidectomy),竟然出現在四千年前的古埃及!」這兩位醫生連同另一位口腔手術專家利用古埃及版的手術工具——鑿(chisel)和槌(mallet)嘗試重演此項手術。他們將鑿放到智慧齒後面位置,成功將與木乃伊相同的一塊下顎冠狀突切除!

這項手術在古埃及人眼中有着宗教及儀式意味,或許真的沒有像我們般認識解剖學,但手術操作上卻與我們一樣,實在不得不令人佩服。

古典時期

説到現代所熟悉的那種人類解剖,古希臘可説是始祖。古希臘是第一個早期文明將解剖學視為科學學科分支。「Anatomy」的語根來自希臘文「anatome」,意指解剖,而「-my」是「學」的意思。因此,歷史上第一個解剖大約發生於公元前 500 到 600 年,該次解剖由當時希臘哲學家阿爾克邁翁(Alcmaeon)負責,因此他亦成為了歷史上第一位解剖學家。可惜的是,相關解剖筆記都沒能成功流傳下

Course Title

THE 21 LECTURES GIVEN BY
THE SILENT TEACHERS

無言老師
給我們的 21 堂解剖課

013

來。至於另一名古希臘解剖學家就是有「西方醫學之父」之稱的希波克拉底（Hippocrates）。大約生於公元前 460 年的希波克拉底，在希臘科斯島（Kos）上一棵樹樹蔭下教導學生。他的理念是身體內有四種體液運行──血液、痰液、黃膽汁及黑膽汁，並認為所有疾病都是因為體液不平衡所致。他一共編寫了超過七十冊教材，並收藏在亞力山卓的大圖書館，稱為《希波克拉底全集》（*Hipporcratic Corpus*），影響深遠。更重要的是，希波克拉底是第一位將醫學與宗教、信仰、哲學及巫術分割的人，並將醫學發展成專業學科，透過實驗引證疾病不是詛咒。他更宣告解剖學是醫學的基礎。

緊接着希波克拉底對醫學有貢獻的人是哲學家亞里士多德（Aristotle）。他是古希臘第一位有系統地解剖動物、並且為學界提供不同動物的解剖結構以供比較。同時，亞里士多德更開始研究胚胎學（embryology）。因為在解剖學上的研究，亞里士多德得出心臟是靈魂的所在地，而靈魂是身體的生命力來源這個結論。

有趣的是，Mary Roach 在《不過是具屍體》（*Stiff*）中寫道：「就像我們熟悉的古羅馬解剖學家蓋倫（Galen）及希波克拉底均沒有親自解剖過人類屍體。」然而，Roach 的《早起人類解剖歷史》找到有關希波克拉底指肌腱（tendons）為「神經」（nerves），並相信人腦是分泌了黏液腺體的說法。希波克拉底更曾經表示解剖「雖說不上殘酷，卻不愉快」，這說法相信是與當時古希臘及古羅馬視解剖為禁忌，甚至被宗教體制視為魔鬼（evils）有關。

隨着古希臘的沒落，部分幸運的古希臘文明得以流傳並且成為大眾學習的中心，其中一個集中地就是藏有《希波克拉底全集》的亞力山

014

CLASS **01.1**
解剖學的歷史
與發展

早期文明
及古典時代

卓圖書館。在公元前 275 年，一名希波克拉底的學生希羅菲盧斯
（Herophilus）在亞力山卓博物館成立了歷史上第一所解剖
學院，希望他的學生能夠克服對於解剖的抗拒及恐懼。
同時，希羅菲盧斯亦開創了神經解剖學，並且利用人來做實驗，有傳
言說他對高達六百位囚犯實施活體解剖。隨後，他的學徒埃拉西斯
特拉圖斯（Erasisitratus）深入研究神經系統、血管、及淋巴
系統。希羅菲盧斯的整個學術生涯成功制訂出一套比較完整及深入研
究人體的知識。由於希羅菲盧斯是第一名解剖人體的學者，因此亦
被稱為「解剖學之父」，而他的研究與亞里士多德所主張的「心為智
慧之所」有所矛盾。

當羅馬侵佔了亞力山卓時，所有有關醫學及科學的研究及進程都停
止了。同樣，人體解剖再度被禁止，亦再一次被視為「禁忌」，而有關解
剖學的文獻、知識也失傳。有幸地在若干世紀後，文字紀錄再一次
被發掘，但所有解剖圖像卻永久流失了。在有限的資源底下及政府對人
體解剖的限制，醫學透過蓋倫找到對策。蓋倫是其中一位歷史上最受
推崇的解剖學家，即使他沒有親自執刀解剖屍體，但他的著作及地位在
過去數百年來都沒有動搖過。

蓋倫是一位古羅馬鬥士（gladiators）醫師，他最重要的職責是讓受傷
的鬥士盡快痊癒，回到競技場繼續戰鬥。因此，身為醫師的他可以藉
着刀傷傷口，或者撕裂傷口觀看人類身體內部，成為窺探動脈、靜脈、
肌腱及神經的唯一渠道。雖然蓋倫沒有解剖過人類，卻解剖了部分
動物。他相信猩猩的構造與人類相同，亦相信肝臟有五葉、心臟有三個
心室。縱使這些理論後來逐一被推翻，但在沒有解剖過人類的情況下可
以發展到這麼多理論，實在值得敬佩。蓋倫研究到的生理學模型與希波

Course Title

THE 21 LECTURES GIVEN BY
THE SILENT TEACHERS

無言老師
給我們的 21 堂解剖課

015

克拉底的雷同。透過解剖動物，蓋倫發現血液必須要從心臟的右邊去左邊，雖然還沒有發展到肺循環（pulmonary circulation）這個理論。但他更發現脊椎的重要性，亦讓大眾看到尿液是在腎臟形成而不是膀胱。

蓋倫一生編寫過約兩百萬字，當中很多都被視為神聖的句子，在死後數百年更被視為天主教會規條的一部分。他亦信奉由希波克拉底所發表的四種體液論，在所有醫術當中，蓋倫認為放血是一種讓體液重新平衡的方法，更認為這種方式相比起其他治療方式更為有效。甚至乎，蓋倫是第一位有計算放多少血才算合適的醫生，他建議最少要放二百二十克才會有效果，但最多也只能放六百八十九克。當然，哈維（William Harvey）後來在 1628 年已經藉着簡明血液循環理論否定了放血法。即使如此，蓋倫的醫學及解剖學理論足足影響了一千年，超過四十個世代之久！

在該時期，除了蓋倫外，一直到古羅馬時期沒落，解剖學幾乎沒有太大的發展。隨後，歐洲踏入中世紀，又稱黑暗時期。與此同時阿拉伯成為了醫學訓練的指標。

註：因篇幅所限，只能集中探討西方的發展。事實上，中東及亞洲的發展也很重要。

016

CLASS 01.2
解剖學的歷史
與發展

中世紀 /
黑暗時期

中世紀/黑暗時期

自羅馬帝國沒落後（四世紀）直到十三世紀，解剖學的發展緩慢。主要是因為黑暗時期奉行基督教教義，相信死後可以運用肉身重生。而解剖屍體與此教義有所衝突，因此變成了禁忌。在十字軍東征時期，如果有同伴在戰役中死去，戰友會把死去的伙伴肢解並將屍塊煮沸，以歇止屍體被用作解剖之用。但因為這個解決方法過於極端，所以1136年教廷正式頒下法律禁止人體解剖，防止這類肢解。

那時候，如果追求知識及科學，就是對上帝的不忠，被認為是邪惡的。在當時，任何疾病都被視為犯了罪而得到的懲罰，或是因為惡魔附身、巫術（witchcraft）等黑暗勢力的影響。據記載，從公元300年到1700年（文藝復興前）所有的精神及心理問題都被視為魔鬼附身的徵狀。由於疾病被視為是邪惡勢力或是神的懲罰，所以治病也是從這個方面入手，所有治療方法都與「奇蹟」或「神蹟」掛勾，要得到「治療方法」，只能依賴禱告、苦行及聖人降臨等方式。

終於，第一個突破出現在十四世紀的意大利博洛尼亞（Bologna）。最初為法律學院的博洛尼亞大學（University of Bologna）開始融入醫學及其他學科到其課程設計。透過解剖學，可以看出疾病如何改變器官。1302年，有檢察官要求博洛尼亞大學為他正在調查的案件死者查明死因。因此，博洛尼亞大學也有法醫解剖的相關記載，很多不同作者及學者從相關解剖中找到了器官的準確描述、功能及位置。到了十四世紀初，博洛尼亞大學教師蒙迪諾（Mondino de Luzzi）得到當時梵蒂岡的同意進行自希羅菲盧斯之後的第一次人體公開解剖。按照記載及描述，當時他坐在高椅上、對着群眾講

Course Title

THE 21 LECTURES GIVEN BY
THE SILENT TEACHERS

無言老師
給我們的 21 堂解剖課

017

述解剖程序及過程,至於實際下刀切割的是他的助手,同時另一位助手會向群眾指出蒙迪諾談論到的結構。隨後,他出版了《解剖學》(*Anatomia*)一書,毫不懷疑地接受並且按着蓋倫的學說發表觀點。雖然往後的解剖學發展推翻了很多出自蓋倫的觀念,但毫無疑問,蒙迪諾的做法及出版為解剖學家打開了一扇窗。

在歐洲經歷黑暗時期的同時,另一端的阿拉伯被稱為「醫學知識的指標」。巴格達(Baghdad)當時是醫學學者的避風港,可惜因為君士坦丁堡的沒落,這些學者就散落於不同地方。這段時間,很多穆斯林學者都有着顯著的解剖學發現,當中包括神經解剖學(neuroanatomy)、眼科(optics)等,更有一學者 Ibn Al-Nafis 在十三世紀初倡議及寫下有關肺循環(pulmonary circulation)的相關知識,為十六七世紀哈維的循環系統之發現鋪上台階。

文藝復興時期

十四世紀佛羅倫斯因為文藝復興的帶動,除了影響科學的發展外,也影響了藝術的發展,人們重燃起對古希臘雕塑的興趣。當中很多都是裸體赤身的作品,在文藝復興之前的幾個世紀,這些都被視為不體面。然而,因為文藝復興的關係而令這個題材被重新審視,更由於解剖對人體的結構有了新認識,令到整個創作過程更真實!藝術家亦有觀察甚至親自動手解剖!按照文藝復興編年史家瓦薩里(Giorgio Vasari)記載,博拉約洛(Antonio Pollaiuolo)是史上第一位剝去人皮去研究肌肉的人。他的著名作品《裸男之戰》(*Battle of the Nude Man*)在十五世紀中期完成,除了強調圖中人物的健壯肌肉線條外,更有一些是肌肉扯開的作品,可見這批藝術

018

CLASS 01.2
解剖學的歷史
與發展

中世紀/
黑暗時期

家都有參加過人體解剖相關訓練。當中，最為世人熟悉的必定是米開朗基羅（Michelangelo）的《大衛》（David）像。這雕像在 1501 到 1504 年間完成。米開朗基羅自十八歲就開始觀看及進行人體解剖，全因佛羅倫斯聖神修院（Santo Spirito）為他提供下葬前的屍體作實習。因此，他的雕像從解剖學看來錯處不多。

文藝復興時期最重要的多元科學家達文西（Leonardo Da Vinci）對人體如何運作及構成有很深的興趣。1506 年，達文西解剖了在他眼前離世的百歲人瑞身體。他所繪畫的人體解剖圖走在時代最尖端，2019 年於英國展出的手稿展中，包含了當時達文西徒手繪畫的人體結構，原來他已經得知心臟和肺是人體血液循環的重心，並詳細繪畫出脊椎圖像、肝硬化、動脈硬化等狀況。在教皇下令停止解剖之前，達文西解剖了超過三十個人，從而摸索中繪畫的七百五十張解剖圖都很精準。因為害怕被禁，所以達文西從沒有把這些解剖圖畫出版成解剖書，如果當年願意出版，相信對解剖學發展有莫大幫助！

文藝復興時期的醫學院教授認為，前人留下的醫學是最崇高、最令人景仰的知識，但後來發現，很多都是不正確的。當時很多這方面的知識都是源自於古羅馬時期的蓋倫醫生。比利時人維薩里（Andreas Vesalius）也是學習及拜讀蓋倫學說的學生之一。當時的教學模式是，教授會在講台上朗讀蓋倫對解剖相關的程序及需要留意的器官，而講台前則有另一名職員負責從解剖的屍體中找出與課文相應的結構。換句話說，教授是不用自己操刀和接觸屍體的，更莫說解剖及能夠完全辨認身體的結構及器官，所以，千年來從沒有人質疑蓋倫的理論。維薩里反對這個做法，亦開門見山地表明其立場，他比喻這種學習解剖的方式為「高

Course Title

THE 21 LECTURES GIVEN BY
THE SILENT TEACHERS

無言老師
給我們的 21 堂解剖課

019

椅上的穴鳥，倨傲自大，低啞着他們從未探討過的學問，只知道複誦他人著作中的文字。因此所有授課內容都大錯特錯……時間就在可笑的問答中浪費。」

因此，維薩里是個史無前例的解剖家，他一共找到了二百多個蓋倫與人體結構不相符的描述。最後維薩里發現，原來蓋倫在古羅馬時期從沒有解剖過人類屍體！蓋倫只是單純從解剖猴子及狗隻的結果中，立刻決定某些結構與人類相同！維薩里推翻了所有謬誤，並將自己的研究整合，完成內容豐富、詳細解剖圖文集——《論人體結構》(*De Humani Corporis Fabrica*)。這書在後世是一部備受推崇的解剖書。同時這位老師更鼓勵學生在日常生活中可以多留意動物結構，「在大快朵頤動物時順便觀察肌腱」。維薩里在一位帕度亞 (Padua) 的法官幫助下，從 1539 年開始，他可以解剖被下令處決後的犯人屍體。維薩里在學習醫學的時候，不止解剖犯人屍體，更親自到絞架上把屍體搶奪過來！除此之外，因為書本可以公開印刷發行，他的研究成果可以在歐洲各地迅速流通。

由於維薩里要趕在屍體腐爛之前解剖，所以從死亡起計一般只有三到四天時間，冬天對他來說絕對是解剖旺季。在他二十三歲畢業並得到解剖學及手術學教授一職後，他開始自己的研究及懷疑蓋倫以往所發表的理論有很多錯誤及謬誤，包括：

・維薩里表明骨骼系統是身體的架子，他透過解剖檢驗不同骨塊的質地與強度，發現人的下顎並不是像蓋倫所說的由兩塊骨頭組成，而是一整塊骨頭；胸骨亦不像蓋倫描述般有七個小節，而是三個。

・維薩里描述靜脈及動脈的脈絡猶如「主幹細分叉成為樹枝再分為細樹

020

CLASS 01.2
解剖學的歷史
與發展

中世紀 /
黑暗時期

枝條一樣」，亦列出超過六百條血管，反證蓋倫說心臟有一個多
孔薄膜。

· 他釐定了大腦及神經系統為思想及情緒中心，推翻從亞里士多德便流
傳下來的「心臟為中心」學說，同時追溯神經是發自腦袋，並能夠傳送
指令及感覺至肌肉，做出相應的動作及反應。

· 蓋倫指人的肝臟上有五個肝葉（liver lobes），而維薩里只看到
兩個。

· 描述血及排尿系統，當中更包括肝臟及膽，讓後人及大眾知道腎臟除了
過濾尿液外，也有過濾血液功能。

雖然維薩里深入研究解剖學，但他也小心翼翼，沒有闖入令基督教
不高興的領域。當中，他推翻亞里士多德的「心臟為中心」學說時，
沒有企圖反證心臟與靈魂的關係及作出結論，這樣的留白引起兩極
批評。甚至，有些人認為維薩里與蓋倫的研究相距一段長時間，人類
構造已經起了若干變化，才會發現這些「錯處」。換句話說，依然有
人認為蓋倫不可能出錯。

《論人體結構》出版後在歐洲各地廣泛傳閱，維薩里還因此被任命為
羅馬帝國宮廷御醫。只有二十八歲的他被其他醫生同行瞧不起，
甚至散佈謠言說他進行活體解剖而不是運用死刑犯的屍體。最終，
維薩里在 1564 年被判處死刑。

文藝復興的改革令到很多信奉新教的國家，解除天主教教廷對醫生
的限制，例如荷蘭。1565 年倫敦的皇家醫學院（Royal College of

Course Title

THE 21 LECTURES GIVEN BY
THE SILENT TEACHERS

無言老師
給我們的 21 堂解剖課

021

Physicians)更頒下人體解剖許可。因此,在十六世紀末,「解剖劇院」(anatomy theatre)這個概念崛起。在這個劇院,不論性別、階級的觀眾都可以付費入場觀看解剖。唯一的禁忌是,負責解剖的不可以是女性。

1632 年,畫家林布蘭(Rembrandt van Rijn)被委託繪畫一名持械搶匪被解剖的場面。林布蘭將屍體以基督般的姿勢躺着並繪出全身,醫生們則圍在旁邊。這幾位醫生的大名就列在另一個人手裏的紙張上。當時阿姆斯特丹外科醫生公會的講師杜爾博士就在畫中展示着左臂的屈肌,手上並沒有拿着解剖切割工具。這是由於當時的講師是不用動手解剖切割的。這幅名為《杜爾博士的解剖課》(*The Anatomy Lesson of Dr Nicolaes Tulp*)的畫作被譽為將十七世紀的解剖課表現無遺,圖中的角落有一本維薩里的教科書,是向解剖圖的第一大師致敬。雖然,荷蘭的研究人員在 2006 年用了一具屍體嘗試重現這個場景,發現肌腱位置有不吻合的地方,亦發現在解剖四肢前應該先將胸腔打開,但總括來說,畫作呈現了人們對解剖的熱中及接受程度的演變,這實在不能挑剔。

然而,因為維薩里的研究及著作巨細無遺,打好解剖學的基礎,那麼學生們就不用親自上陣解剖嗎?還是依然像古希臘的先賢所說,解剖學是學習醫學必須的第一步?如果都需要,那是否代表防腐器官及模型就不能作解剖教學之用?尤其是當時的大學解剖室因為屍體供求較為被動,那麼有沒有突破的方法?這些問題其實不只是維薩里時代、甚至現代也仍然備受討論。隨着現今科技進步,解剖室及真實解剖的作用,絕對值得探討。

近代及當代發展

因為文藝復興時期的解剖學發展，自十七世紀開始，很多科學家、醫生及學者努力不懈地研究及改進前人於人體結構上的研究及知識。因此，很多不同的病症、創傷甚至身體結構都是以他們的名稱命名。可惜，在現代學習解剖學的時候，這些名字都會很容易被學生所厭棄。的確，這樣去學習或會比較反覆，但這些名字背後都是記載着先驅們以他們的生命及歲月去研究，能有如此成就都不是容易達到的，這些名字所背負的歷史都是值得被記住的。同時，因為印刷術的發明助長了意念的交流，而解剖學需要的是觀察力及紀錄能力——繪圖能力。因此，很多畫家，如有名的米開朗基羅都會為了賺錢而繪畫這類醫學圖畫。

在注重解剖學及醫學發展的同時，也要注意特別重視屍體解剖的十七世紀，那時候，歐洲出現了一種前所未有對屍體的需求。在奉行新教的國家（例如：荷蘭），公開解剖人體從以前的禁忌變成流行的新知識和大眾喜愛的新項目，人們可以付費入場觀看，甚至有點心供應。到了十九世紀的巴黎公眾殮房，更成為大眾每天所到的「劇場」，在那裏可以收看最新的懸疑劇，一起隔着櫥窗推敲事態發展及死因等。整件事變成了娛樂活動！因應着當時社會對屍體的需求及解決屍體供求的方式，不得不反思當時處理供求的道德倫理問題。

文藝復興及工業革命後時期

在十八、十九世紀的英國，利用死刑犯的屍體作解剖之用可以説是「約定俗成」的事。由於現代醫學的崛起及外科手術學的推行，在英國及蘇格蘭，一間為學生設立的私人解剖院紅極一時！不過，由於醫學院的數

Course Title

THE 21 LECTURES GIVEN BY
THE SILENT TEACHERS

無言老師
給我們的 21 堂解剖課

023

目愈來愈多，需求愈來愈大，但屍體數目及供應量卻沒有增加，面臨「供不應求」的危機。儘管已經經歷了文藝復興時期，提升了大眾對屍體解剖的接受程度，但對於處理肉身方面依然遵從宗教教義。按 Mary Roach 記載，虔誠的信徒不僅篤信字義上「復活」的意思，甚至認為肉身也會復活；要肉身也能復活，就必須要埋在泥土裏不被打擾及挖掘，同時屍首要保持完整。因此，解剖就等於破壞了復活升天的機會。Roach 比喻：「一個髒鬼站在那兒，內臟全部掛在外頭，濕漉漉的血滴在地毯上，誰還有興趣幫他開啟通往天堂的大門呢？」

因此，在 1780 至 1782 年間，Clemente Susini 製作的蠟像「解剖維納斯」，就成為醫學院學習解剖學的工具。維納斯時期的社會，在宗教推動之下，了解及學習人體結構是備受推崇的。他們覺得如果不了解人體結構，等於不了解、不欣賞神的創造力及恩典。全盛時期大約有超過一千具蠟像作學習用途，其中十八具是以人體比例造成，而這十八具當中，只有維納斯是能夠一層一層的把人體結構拿開。維納斯是古羅馬神話中代表愛情、美及豐饒的女性，幾乎就是理想化的裸女繪畫及雕塑。維納斯蠟像與她的姐妹們都是按着人體比例造成，連頭髮也用上真髮，頸上戴着珍珠項鍊。她被仔細地分成七層，能讓學生按照需要逐層拿開方便研究。到最後可以看到她的子宮裏有個蜷縮着的胎兒。承着《解剖維納斯》一書的作者 Ebenstein 的立場及說法，科學不只是向我們展示自然界的奧妙，更向我們展示着當時的一些文化觀。科學、藝術、文化、宗教及歷史從來都不可以分割，而這個奧妙之處在文藝復興時期開始發酵。

在宗教的前提之下，如果需要解剖的話，就只能解剖死刑犯的屍體。因應着當時社會環境的情況看來，解剖被視為比死亡更嚴苛的懲罰。

也因此，當時的當權者才允許使用死刑犯的屍體進行解剖，但絕非因為支持解剖家或是藉此機會令到醫科更進一步。換句話說，解剖就等於判處死刑犯雙重刑罰。英國就在 1752 年訂下解剖為謀殺犯的判刑選項之一，代替行刑後「示眾」[1.] 的方案。因此在某程度上，大眾開始在解剖學家及劊子手兩者之間劃上一個等號。因為宗教及社會上的限制令到當時遺體捐贈的路不通，但卻有着實際的屍體需求以作學習之用，因此就出現解剖學院老手進行不道德交易，最初以截肢而切下來的組織為目標，但醫學生並不滿足於手臂或是腿部這些組織的解剖，要求學校必須要提供完整的屍體。在找到之前，部分學生會轉到巴黎的解剖學院，因為當地解剖學院被允許利用無人認領的屍體進行解剖。

十八世紀及十九世紀初，醫學院才開始為學生提供正確的手術訓練及研究。工業革命時期的倫敦，工業起飛卻沒有對公共衛生及健康帶來改善，傳染病肆虐期間亦因為缺乏抗生素的情況之下，令死亡率急劇攀升。聽上去的確很悲情，但對當時的倫敦人來說，死亡正代表機會。為了達到目的而不擇手段，部分解剖學家更會向自己的親人「下手」，例如發現人體循環系統的十七世紀外科醫生及解剖學家哈維就親自解剖了自己父親及妹妹的屍體。另外一個最為普遍的手段，就是從墓園裏將某人的屍骨挖出來研究，這行為被稱為「盜屍」（body snatching），甚至有些解剖學教師會鼓勵學生大半夜到墓園盜屍。十八世紀，某蘇格蘭學校更表示，學費可以以屍體代付！

除了親自上陣動手「盜屍」之外，竟然亦衍生了相關的新興行業！1832 年以前，使用被處決死囚的屍體是唯一一個合法途徑以獲取屍體作解剖用途。但是，供應量永遠都不能追上需求，所以有人看中商機，偷屍

---

1. 示眾（gibbeting）：被判處此刑的犯人在處死後，屍體會沾滿焦油，然後懸吊在平面的的鐵籠中，在眾人目睹的情況下，屍體會慢慢腐爛並成為烏鴉的食糧。

Course Title

THE 21 LECTURES GIVEN BY
THE SILENT TEACHERS

無言老師
給我們的 21 堂解剖課

025

這個行業就開始於黑市崛起。偷屍賊都只會看準剛下葬、「新鮮」的屍體才去偷。把屍體偷到手後，就經過醫學院的後門交易。在十八世紀的倫敦，偷屍賊都被冠上一個稱號 ——「復活人」（Resurrection men）。然而，這個行業的確是違法的，卻很少會被檢控。當時，持有陪葬物品都是犯罪，但藏匿屍體卻不犯法。在解剖學院出現之前，並沒有相關法律條文懲治盜用最新下土的屍體。在 1828 年，英國倫敦醫學院對屍體的需求實在太大了，十位全職及兩百名兼職「盜屍」專員可以從十月忙到翌年五月（因為解剖課程只在這段時間舉行，所以亦被稱為「解剖旺季」）。雖然如此，由於教學上對屍體的需求急劇增加，在供應缺乏的情況下，一度出現「盜墓者」去偷屍，以極高的價錢賣給醫學院牟利。兩位來自十九世紀蘇格蘭的投機商人，一共殺了十六人，並把他們的屍體賣給當地一位教授。之後陸續開始有捐贈遺體這種無私奉獻，令十八九世紀出現的「偷屍行業」成絕響。

不少版畫畫出十八世紀及十九世紀早期的解剖室場景：屍腸像遊行的彩帶般從桌邊懸掛，顱骨在沸騰的鍋裏漂浮，內臟鋪滿地或隨意讓狗咬食，而背景中就有一群人在湊熱鬧。可見，當時的解剖學家並不會為殘留的屍塊舉行追思會，即使進行埋葬也不是出於敬意，而是沒有任何可以處理屍塊的選擇，下葬更是草草了事作罷。英國倫敦考古博物館（Museum of London Archaeology）於 2013 年一個墳場中挖掘了二百六十二具屍體，而其中的三分之一都是不完整的屍體，甚至於一個棺木裏有多個重複的屍骸部位，證明是來自多名死者。經過生物考古學家及法醫人類學家細心研究後，發現這些不同的部位都有着標準的切割模式，以及有不同類型的刀痕。最後，他們得出一個結論：這些屍體大概會分成三份，

分給不同學生學習人體構造及練習解剖。這些不是醫療廢物，而是醫學院用遺體學習的證據！專家們更發現，在這些屍骸上施展的手術技巧大部分到現代的醫生都還在使用呢！另外值得一提的是，在整個「盜屍」行業盛行之時，受害得最嚴重是社會中的窮人！因為社會上層階級的人民會付額外的錢去建鐵籠以包圍及保護屍體。

現代及當代發展

時至今天，大眾對於解剖的看法已經進步了很多。當你以為哈維在十七世紀逼不得已要解剖親人的屍體去追尋知識的時候，Roach寫道，在塔利班政權統治下的醫學生，竟然也要做出與哈維相類似的抉擇[2.]：在不能放棄研究學習的原則下，又不能竊取別人的屍體，只好向自己的親人「討教」。在 2002 年一月一篇《紐約時報》的專訪中，一名坎達哈（Kandahar）醫學院的學生痛苦地決定將他的祖母屍骨挖出來並與同學一起研究。另一名同學則需要挖出以前鄰居的殘骸，他當然不願意這樣做，但認為鄰居生前人很好，他或會覺得此舉會令更多人獲益，或許覺得自己的犧牲是值得的。在二十世紀初期，致力改革美加醫學及高等教育、亦是普林斯頓高等研究院創辦人之一 Abraham Flexner，在著名的《Flexner Report》中寫道解剖學是基本醫學訓練中必要的。即使如此，但往後的歲月中，學界始終有爭議，到底醫科裏面要有多少解剖學知識才夠。在探索不同學習解剖的教學方法中，學界均認同最好的學習方式是透過解剖已經處理、防腐過的屍體，這代表需要源源不絕的屍體供應。在不同文化中，遺體捐贈計劃是確保醫學院有無言老師作教學的方法。這些捐贈的老師，無論是其中一個器官、身

2. 按照《古蘭經》對人體尊嚴的指引下，所有逝者的屍體必須在離世後二十四小時內下葬。加上塔利班神學士禁止醫學院教授解剖屍體或是使用屍體作教解剖學用途。在回教國家，非回教徒的遺體不受此限，但這種行為在塔利班活躍的阿富汗卻也是被禁止的。

Course Title

THE 21 LECTURES GIVEN BY
THE SILENT TEACHERS

無言老師
給我們的 21 堂解剖課

027

體一部分或整具屍體，都會被防腐甚至塑化（plastination），加上現今的影像技術處理，都是為了學生能從中獲取最多的人體結構及解剖知識。

當然，隨着科技進步，現在已經可以透過電腦掃描技術及虛擬實境科技，做到虛擬解剖（virtual dissection）。當然，這技術可以確保在科學的前提下以入侵性低的方式透視人體結構。有學者表示希望這個方式可以取代傳統解剖，以解決屍體供求問題，同時亦可以在不侵犯死者宗教信仰及家屬意願的前提下學習內在結構。學者表示無論影像技術有多先進，始終都是將一些三維的影像放到二維畫面上，不能將結構與空間感的關係準確呈現。但的確，這方法在解決屍體使用的道德爭議層面上是比較可取的。

自十六世紀起一直到 1836 年通過《解剖法案》的前一刻，解剖如同經歷了戲劇性轉變，從宗教禁止演變至民眾意識到當中的科學價值，甚至願意付錢去看現場解剖，再到後來視解剖比死刑更殘酷的懲罰，最後為了科學而不惜一切，妄顧逝者人性尊嚴。今天解剖室內的普遍現象都是對死者心懷無限敬意，就等於包含了過去醫學發展史中的傲慢無禮，這段黑歷史是無論如何都不能忽略的。因為沒有這段黑歷史，就成就不了今天解剖學的價值。建基於敗德、錯誤、恥辱的人體解剖學，同樣提醒着我們解剖學在醫學中的價值。醫學能成功的背後也是建立於很多的「壞」醫學——失敗的實驗、理論、醫療失誤等等，而解剖學就替醫學生分擔了一部分風險，透過逝者的身體學習不同器官、組織的多樣性及結構為「好」醫學打好基礎。

法醫學的歷史

法醫學，一直都給人一個神秘的感覺。有些人會覺得法醫學人士或是法證科人士就如懂得施展魔法一樣，總能在細節中找到線索。

當然，法醫學並不是魔法，只是一種應用科學。不論法醫學還是法證學在英文都是稱為「forensics」，源自古羅馬時期「forensis」一字。這是由於古羅馬時期，罪犯要到法庭（forum）上對民眾作陳述，案件相關人員也要到庭上作供。因此「forensis」一字代表跟法庭有關的。換句話說，任何科學知識只要帶到法庭上運用，就能夠被稱為「forensics」。不過，必須要指出的是，法醫學的研究及出現並不止於為了已經離世的人；反之，是通過研究離世的事件，為在世的人及未來做好準備，就如透過解剖找出人體的異常之處，甚至死因。

在法醫學這個統稱下的知識，很多仍在成長階段，當中的法醫人類學是法醫學中比較年輕的科學範疇。不過，法醫學卻一點都不年輕。世界上最早的法醫可以追溯到秦代的《令史》，當中規定任何死因不明的案件原則上都要進行屍體檢驗，而秦代《封診式》可以說是世界上最早的法醫規範。例如當中記載了在命案中，必須要鑑定及檢驗屍體位置、創傷部位、數量、方向及大小等。這些檢查規範與今天法醫解剖時要檢查及紀錄的項目都接近一樣。檢查後必須提交稱為「爰書」的書面報告，就等同現在的解剖報告。因此這些屍體檢查規範被譽為是世界上最早的法醫鑑定現場勘查報告。

最早有法醫人類學記載的是來自南宋時期宋慈的《洗冤集錄》

Course Title

THE 21 LECTURES GIVEN BY
THE SILENT TEACHERS

無言老師
給我們的 21 堂解剖課

029

（即約公元十三世紀左右）。宋慈的《洗冤集錄》比歐洲的法醫學奠基人、來自意大利的菲德里（Fortunato Fedeli）還要早三百五十年！並且，往後元朝、明朝及清朝所有的法醫書都是以《洗冤集錄》為藍本，增加註解，以指導法醫的工作。這名中國法醫科學、即鑑證科學之父，在這本著作內紀錄了如何查案，並提供詳細驗屍程序及推斷死因的方法。令人驚訝的是，他的觀察力實在驚人，書中部分描述及步驟到今天都依然有效！由於那個年代的辦案人員不是全職的，而驗屍的仵作及接生婆（midwives）亦不被當時的官府所相信，因此辦案人員必須在驗屍及解剖時知道如何分辨意外或蓄意造成的死亡，並要知道如何分辨死前及死後創傷。往後，《洗冤集錄》被翻譯成多國文字，在整個世界的法醫學歷史上有着重要的影響及地位。當中，宋慈亦有詳細紀錄如何從屍體分辨男女及死亡時間（postmortem interval，PMI）：

01 分辨男女

骨頭數量及顏色：男性共有三百六十五塊骨頭，與每年有三百六十五日對應。男性的骨頭較白；女性的則較黑（這是由於女性在生小孩時流血，把骨頭染色了）。

頭顱：男性共有八塊骨頭，從頸到兩邊的耳朵，加上後腦的部分。腦後面有一條橫縫（suture），而另外有一條直縫沿着頭髮髮根到頭顱末端；女性只有六塊頭顱骨，一樣有橫縫，卻沒有直縫。

盆骨：形狀就如豬的腎臟一樣，縮進去的地方為與脊椎的結合點。男性這個位置呈凹進去的狀態，每邊均有一個尖尖的枝狀體指出，

猶如皇宮屋頂的裝飾。它共有九個洞（宋慈這裏描述的其實是盆骨旁邊的骶骨）。

02 屍體腐化

屍體腐化的過程會隨着四季有所改變。

在春天，屍體放上兩到三天，口腔裏的軟組織、鼻、肚、胸骨及心口都會開始失去血色。十天後，會有汁液從鼻及耳朵流出。

在夏天，屍體放上兩天就會看到軟組織開始變色，由臉、肚、肋骨及心口開始。三日後，會看到屍體變灰並有汁液流出，屍蟲亦會出現。整個屍體鼓脹起來。皮膚開始有變化並有脫皮現象，水泡亦會出現。只需要四至五日就會看到頭髮脫落。

在秋天，屍體放置兩三天後會呈現如春天的現象，軟組織特別是臉上、肚、肋骨及心口開始變色。四至五天後汁液從口及鼻流出，整個屍體會腫脹起來，水泡出現。六至七天後，頭髮開始脫落。

在冬天，四至五天後屍體會開始變成黃紫色。半個月後，才會出現像春天的變化。如果埋藏屍體的地點是潮濕的，並以墊子包裹着屍體才埋下的話，腐化過程會更慢。

在特別熱的日子，屍體腐化會在死後一天立刻開始。屍體會開始失去血色，變成灰色，甚至是黑色，同時開始有惡臭傳出。三至四天後，皮膚及軟組織都會開始腐爛，屍體腫脹，屍蟲從鼻和

Course Title
THE 21 LECTURES GIVEN BY
THE SILENT TEACHERS
無言老師
給我們的 21 堂解剖課

031

口出現，頭髮亦開始脫落。在寒冷季節，五日的腐化程度才等於夏季一日的程度，而半個月就約莫等於夏季三至四日的腐化程度。加上南北氣候（意即中國南北方氣候）不一樣，山上和山下的氣溫也有分別（山上的寒冷及溫暖程度相對穩定），因此必須仔細考量環境、氣溫、屍體上的變化等因素後才能下定論。

雖然宋慈寫的未必與今天的法醫科完全吻合，但亦不得不驚訝他在那個年代對法醫學的執著，其觀察度之高及細心的程度，實在令後世佩服不已。當時的他已經會分析各種天氣、氣候對屍體造成的改變，特別是昆蟲活動（insect activities）的情況。除了讚歎宋慈非凡的觀察力之外，亦足以證明一點——法醫學這個專業不必經常依賴先進科技或器材，最重要的是觀察力！

在十六世紀的歐洲，隨着解剖學的復燃及文藝復興對知識的追求，醫學生在大學及軍校開始研究死因辨識。一名法國軍醫 Ambroise Paré 更有系統地研究暴力致死對器官及內臟的影響。然後，早前提及的意大利醫生菲德里及另外一位醫生 Paolo Zacchia 為現今的病理學奠下基礎，研究不同疾病對身體器官造成的傷害。到了十八世紀的啟蒙時期（the Enlightenment Era），整個歐洲社會追求實證的風氣大大提升，在審訊中不能再使用酷刑及逼供，同時，巫術（witchcraft）及其他超能力影響法庭之說亦相繼消失。自十八世紀開始，在一些兇案中已經有細心蒐證去協助調查及緝拿兇手的案例。

到了二十世紀，法證科學及法醫學成為了查案的重中之重。在當時的英國警察隊裏，解剖及科學查案方式可說是慣常之事，特別是在

他們追查開膛手傑克（Jack the Ripper）一案的時候。開膛手傑克是英國歷史上首屈一指的懸案，他在十九世紀末殺害了多名女性性工作者。此案除了用上很多有關法醫學及法證學的調查技巧外，警察們已經開始會在案發現場周邊逐家逐戶詢問訪談。透過以往所發展的法醫知識，調查人員都認為這個「開膛手」相當熟悉人體結構。1909 年，全世界第一所法醫學學校在瑞士洛桑大學（UNIL）開業，洛桑大學位於瑞士法語區，而在當中工作的犯罪學家羅卡（Edmond Locard）成為了法國的「福爾摩斯」，他創建了法醫及法證學的重點定律「羅卡定律」（Locard exchange principle），指「凡兩個物體接觸，必留痕迹」（Every contact leaves a trace）。更在翌年設立世界上第一個法證學實驗室。與此同時，教導羅卡的 Dr. Alexander Lacassagne 亦透過曾處理的案例，撰寫了第一套解剖步驟及指引。

最讓法醫及法證學「發揚光大」的功勞莫過於十九世紀末柯南‧道爾（Arthur Conan Doyle）的著作《福爾摩斯》（*Sherlock Holmes*）。福爾摩斯成為了法醫及法證學的代言人！在小説中，他會與華生小心翼翼地收集線索。有趣的是，故事裏面大部分的調查技巧後來都變成了真實，但在當道爾創作的時代，這些都只是很抽象的概念。

二十世紀，一位法國警官及識別技術研究者 Alphonse Bertillon 聲稱創建了一套應用於執法的身體測量系統，成為警方於執法層面上最先採用的科學系統，取代了只用姓名及照片來定罪的做法。這個人體測量學（anthropometry）後來隨着指紋識別的發展而停用。除了 Alphonse Bertillon，這個年代亦孕育了數位法醫學學

Course Title

THE 21 LECTURES GIVEN BY
THE SILENT TEACHERS

無言老師
給我們的 21 堂解剖課

033

者，他們都慷慨地利用自己的研究為法醫及法證學提供了很多新穎的科學鑑識方法，當中包括我們現在經常提到及使用到的 DNA。

在上世紀四十年代之前的西方社會，法醫人類學這一專業只限制予解剖學家（anatomists）、手術科醫生（physicians）及一些在博物館或大學任教的體質人類學家。在這段時期，相關的研究很少，而且應用到案件中的機會亦很低。直到十九世紀末，哈佛大學教授 Thomas Dwight 多次發表有關法醫人類學推斷性別及年齡的研究，因而被冠上「美國法醫人類學之父」一名。隨後，不同的研究及學者陸續出現，更在 2008 年出現了 Scientific Working Group for Forensic Anthropology（SWGANTH），為這個專業訂下了不同的準則及指引，使相關的科學研究逐步邁向成熟的同時，也避免與社會的現實情況脫節。

在我們身處的二十一世紀，隨着醫學影像（medical imaging）的進步，現在處理屍體解剖及案發現場時，會利用 3D 掃描器、磁力共振（MRI）、電腦掃描（CT）、X 光等技術，協助調查人員在研究證物及屍體時可以在最低入侵性的情況下進行。這樣可以保留最多的證據，有利調查發展。同時，在調查中強調使用有系統的科學調查可說是既定程序。從前，在採集 DNA 上有很大限制，但到了最近數年，已經可以抽查到數千年前的考古材料——只要採集的標本沒有被污染或是受到破壞即可。

最初的法醫學來自東方文化，一直到十九世紀才在歐洲被視為科學學科，但仍然不屬於獨立專業。雖然過去的法醫學及法證學發展都以西方國家為主，但宋慈的《洗冤集錄》依然證明了在古代醫學缺

乏解剖生理學使用的情況下，宋慈連同那個時代的學者通過對刑犯的愛心及觀察，加上「大膽假設，小心求證」精神，突破了這些界線。約兩個世紀之前，法醫學長久以來都連結着法律及醫學。除了對知識的追求，現今世代不同學科都不約而同地主張人類的多樣性（variations）。現行的法醫學及醫學知識很多時都是源自西方國家及人群的研究，至於我們身處的亞洲則相對落後，所以在亞洲研究身體或是病理多樣性，對於發展更全面的法醫學及醫學都有莫大幫助！隨着世代不一樣，現在更會按着實際的需要而發展不同的分支，結合了醫學、病理學、法律及道德倫理的討論。法醫學的一員必須要認清當中的限制，不能因為要達到個人目的就違背了法醫學原本的初衷——科學。不論是臨牀的還是法醫學方面的一員必須要認清自己的專業及所有的責任，不單要對病患或是死者負責，更要利用自己的醫學專業對整個社會負責，在法律及道德倫理的框架下追尋公平及正義的真相。

Course Title

THE 21 LECTURES GIVEN BY
THE SILENT TEACHERS

035

無言老師
給我們的 21 堂解剖課

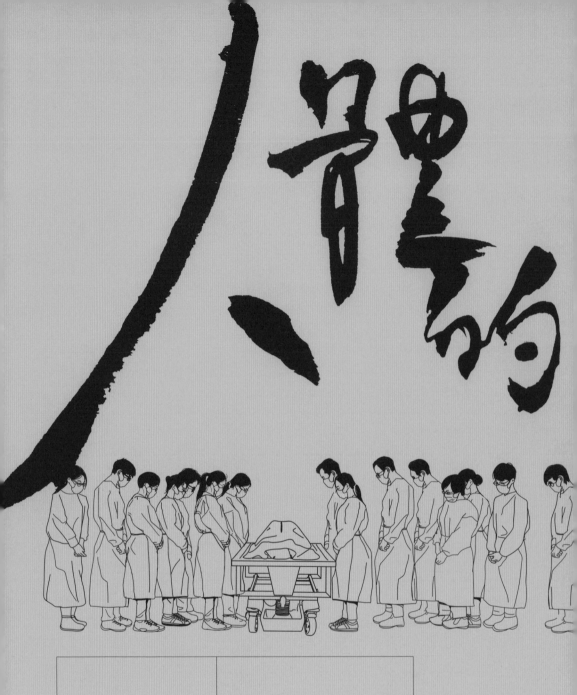

Course Title :

THE 21 LECTURES GIVEN BY
THE SILENT TEACHERS

無言老師
給我們的 21 堂解剖課

CLASS 02.1
表層解剖
LESSON

1 皮膚

第一課 **皮膚**

更多資訊

鳴謝：黃偉佳博士（生物醫學學院助理講師）

紋身在數十年前被標籤為「誤入歧途」的象徵，時至今日紋身的定位已經截然不同。近年推出了所謂「小清新」的文青圖案及紋身，同時愈來愈多人發現紋身可以讓受過重創或是接受過治療的人重拾正常生活的感覺，這稱為「medical tattoo」。但為什麼紋身能夠留在皮膚上而不褪色呢？又為什麼有些人的紋身會隨着年紀而有所改變？要解答這些問題就必先了解我們人體畫布——皮膚的構造！

解剖課：皮膚

當我們觀看人體，第一眼最常看到的就是毛髮與皮膚；同樣，在醫學生剖開人體，第一刀也是落在皮膚上。

皮膚（skin）既是身體最外層，也是人體最大面積的器官，雖然平均厚度僅 2 毫米，但是卻佔我們體重的 16%。正當你現在閱讀此書的時候，皮膚會把 99% 的人體表面面積遮蓋，「一眨眼間」——突然變成 100%，但瞬間又回復到 99%。想像一下，如果可以把自己縮小，駕四驅探索車行駛在人體皮膚上面，你會發現自己一時身處乾燥的沙漠，一時會進入毛髮森林；而大部分時間你會馳騁在龜裂的「死皮曠野」，偶爾會身陷濕漉漉的「汗孔間歇沼澤地」。然而，這多極的變化，都與皮膚的結構和其功能息息相關。

Course Title

THE 21 LECTURES GIVEN BY
THE SILENT TEACHERS

無言老師
給我們的 21 堂解剖課

039

人體皮膚屬於角質化分層鱗狀上皮（keratinized stratified squamous epithelium），可分為三層：表皮，真皮和皮下組織。最外層為表皮（epidermis），90% 以上的細胞都是角質細胞（keratinocytes），其次是色素細胞（melanocytes）及蘭氏細胞（langerhans cells）。表皮最底層（基底層，stratum basale）坐落在一層肥大呈方形的角質細胞，經細胞分裂製造新細胞，一層一層的向表面推上去。形狀似八爪魚的色素細胞同樣活在基底層，當皮膚受紫外線刺激就會製造黑色素（melanin），不過黑色素會傳遞到附近的角質細胞內，由它們漸漸帶往表皮的最頂部，目的是為下面的細胞撐傘遮擋紫外線傷害。新分裂的角質細胞被推上棘層（stratum spinosum）後呈多邊形，因為細胞膜表面有橋粒（desmosome）與四周的細胞緊緊連繫，在顯微鏡下就像長滿尖刺似的。這三至五層的角質細胞開始製造角質蛋白原材料，且一再被推上去並演變成顆粒層（stratum granulosum）。顆粒層只有兩三層扁扁鱗狀角質細胞，細胞質內載滿了角質蛋白顆粒且準備就緒，待細胞死亡後就把角質蛋白釋放到最頂的角質層（stratum corneum）。角質層的功能主要是防水，它在身體不同部位的厚度並不一致，例如手掌腳掌的比較厚，可以防水而且抗磨損。蘭氏細胞是一種抗原呈遞細胞（antigen presenting cell），在表皮棘層遊走，負責皮膚的免疫功能。

透過輕度固定方法處理過的遺體，皮膚柔軟度和彈性都與活人相若，使學生可真實體驗施針感覺。圖為在無言老師身上施針的情況。

皮膚中層的真皮（dermis）可分為乳突層（papillary layer）及網狀層（reticular layer），屬緻密不規則結締組織（dense irregular connective tissue），內含膠原蛋白、彈性纖維、動靜脈淋巴、神經末梢或受體。當中藏着毛囊，皮脂腺和汗腺。微絲血管會由真皮底部上伸至乳突層頂部，供應表皮基底細胞生長。微觸受體及神經末梢也會在乳突出現，負責接收外界觸感。相反，接收壓力觸感的柏氏小體（pacinian corpuscle）會藏在真皮較深位置，當較大的力量壓到真皮下時，這些洋蔥形的受體就會被激活和傳遞神經信息到中央神經系統，讓我們知道壓力觸感。毛囊的作用是製造毛髮，平均每天會長 0.3 毫米，毛髮能保持亮澤主要是由於皮脂腺製造的皮脂排到毛囊內滋潤毛髮。當然，青春期時皮脂腺過度活躍會製造過多的「頭油」。毛髮可以遮擋陽光及保溫。原理是當體溫下降，交感神經就會發動信息，指示不自主的豎毛肌把毛髮豎直，在皮膚表面困住一層暖空氣以作保溫。其次是減少血液流動到皮膚等較表面的器官或組織，以減少體溫流失。相反，當運動過後體溫上升，汗腺會變得活躍，繼而製造汗水並排到表皮以上，藉由蒸發降溫。另一種汗腺與毛囊息息相關，不過只會在腋窩與會陰處較多，而汗管構搭毛囊內而非皮膚表面。這種汗腺製造的汗液帶着養分，當汗液經由毛囊排到皮膚表面，皮膚表面的細菌會消化養分並轉成代謝物，形成獨特的體味。

皮下組織（subcutaneous tissue）主要是脂肪層，厚度因人而異。這些脂肪不但可以保溫，也可減低肌肉運動與皮膚的摩擦。相對於真皮，皮下組織有較大的血管、淋巴系統和神經線，但整體結構就簡單得多。

僅僅 1-2 毫米的皮膚其實是一個微宇宙，區區三數種細胞就築成人體第

Course Title

THE 21 LECTURES GIVEN BY
THE SILENT TEACHERS

無言老師
給我們的 21 堂解剖課

041

一度防線，保護人體。學習解剖，就是學習見微知著；同樣，每次當
解剖刀尖指皮膚，都會想到《孝經》這樣説：「身體髮膚，受之
父母，不敢毀傷，孝之始也。」

皮膚——算是解剖之始，珍惜父母給你的身體髮膚，同時感謝「無言
老師」的無私付出。

紋身小知識：紋身 101

在紋身時，紋身的墨水會穿透至皮膚的內層（dermis），至於有多
深就要視乎皮的厚薄了。而從墨水穿透度可以將紋身分為兩大
類——「業餘」（amateur）及「專業」（professional），專業的墨水
在紋身時會較為密集。

在採用激光去除紋身之前，人們只有手術移除這個選項，然而，由於
業餘紋身的墨水穿透度受很多因素影響，因此較難以手術方式去除；
相反，以激光方式去除的話卻較容易。最簡單的業餘紋身可以想像為
傳統民族的紋身圖案，或於監倉內加入幫派後以原子筆紋上幫派符號
等。

以激光去除紋身的原理是利用激光的熱力讓紋在皮膚深層的墨水粒子
加熱，皮膚細胞會死亡或分裂，令墨水粒子游離原本紋身的位置。
所以，有時候紋身的深度亦可用作身分鑑定的工具（或者應該設立法
醫紋身藝術師，Forensic Tattoo Artist，專責研究！）。同樣地，
如果於死後解剖時在淋巴核發現有墨水痕迹，即使在表皮看不見，
亦能證明死者曾經紋身。

歷史小知識：人皮書

2014 年 6 月，美國傳來一個令人為之悚然的消息，哈佛大學的圖書館 Houghton Library 證實了一本名為《Des Destinées de l'âme》的館藏，書皮是用一種特別的皮而製成。

用皮做的書皮絕不罕見，不過如果是用人皮呢？

以人皮包裝書本的學名為 anthropodermic bibliopegy。Anthropos 意指人類，dermic 來自 derma，指皮膚，而 biblion 是古希臘文中書本的意思，pegia 有釘裝、扣住的意思。到 2017 年 8 月，共有十八本書藏已經確認是用人皮包裝而成，而十四本被誤以為人皮包裝的書最後經過測試後證實為動物皮。

一直以來，都沒有明確的歷史紀錄說明是如何用人的皮膚釘裝成書。當然，最直接的理解是人首先要死去。歷史上有案例指出的確有人是活生生被剝皮，最後這個人同樣會於過程中因失血過多而死。

在愛丁堡的其中一個例子是《the Burke》口袋書（pocketbook）。Burke 及 Hare 是十九世紀初兩位非常顯赫的連環殺手，一共殺了十七人！他們想說打着偷屍賊的名義販賣或提供屍體給醫學院作解剖及教學之用，實情卻是殺人。他們被逮捕後，Hare 轉為污點證人，令 Burke 成功被起訴，一個人承擔起所有責任。按照當時其中一條法例 Murder Act，任何人犯上謀殺罪，都必須處死並於公眾前解剖，當然 Burke 亦逃不過這命運。隨後，他們利用 Burke 的皮膚做成不同物件，其中一個就是上文提到的口袋書，這本口袋裝書現藏於英國的 Wellcome Trust Library。

Course Title

THE 21 LECTURES GIVEN BY
THE SILENT TEACHERS

無言老師
給我們的 21 堂解剖課

043

人，總是對奇特的東西異常好奇及有興趣。所以當收藏家得知某些書本是用人皮做的話，就會頓時升價十倍，特別是某些收藏家會收集由紋身的皮膚釘裝成的書。而有些於人體收藏品中的紋身，其實本來就是用作包裝書本的。於英國的 Wellcome Collection 當中，有一本書主要探討處女及生殖器官，而恰巧那本書，就是作者用她一名因失救而死的女病人的皮膚包裝而成。

拆解都市傳說：
人死後的指甲及頭髮會繼續生長嗎？

那些死後屍體指甲、頭髮會繼續生長的傳聞，並不單在西方恐怖小説裏才出現。我們比較熟悉的殭屍，據説指甲也會變長的！

那到底，人死後的指甲及頭髮繼續生長嗎？

首先，現時沒有太多具體的科學研究仔細檢查頭髮及指甲在人死後、心臟停止跳動、停止呼吸後有沒有再度生長。不過，從我們理解到指甲及頭髮生長的過程看來，幾乎也可以概括説為：不會！

的確，身體內的細胞在人死後會以不同的速度死去。在心臟停止跳動後，氧氣的供應就會停頓。由於細胞的生長是依靠葡萄糖（glucose）轉化提供能量，在沒有血液運行的情況下，葡萄糖就會停止提供能量。神經細胞在沒有能量的情況下會於三至七分鐘內死去。指甲要生長，就必須要有新的細胞被製造出來，然而這情況在沒有葡萄糖下是無法實行的。一般來説，指甲每天平均會生長 0.1 毫米，這個速度會隨着年紀而減慢，新的細胞會把舊的細胞向前推，造成指甲增長的現象。

頭髮的生長也是同一道理，在頭皮末端的毛囊裏，新的細胞產生造成頭髮變長的現象。跟指甲一樣，整個過程需要能量，而提供能量的也是葡萄糖。在轉化葡萄糖當中的一個重要條件是需要氧氣！所以當心臟停止跳動，血液無法把氧氣帶到全身，能量用盡後，細胞生長過程就會停止。所以，頭髮跟指甲一樣，在死後都不會再生長！

那，為什麼逝者的頭髮和指甲看上來好像是變長了一樣？其實不是它們兩者生長，而是周邊的皮膚因為沒有水分，脫水而導致皮膚收縮。這個現象不只發生在頭皮、手指尖，甚至下顎也會！因此，有些人說看到家屬的遺容時，覺得輪廓有點不一樣，也可能是因為這個原因。也有一些禮儀師，會因此為死者的指尖及臉部塗上保濕乳霜。

所以說，那些令人膽戰心驚的驚悚畫面還是恐怖片及文學作品的專利呢！

Course Title

THE 21 LECTURES GIVEN BY
THE SILENT TEACHERS

無言老師
給我們的 21 堂解剖課

045

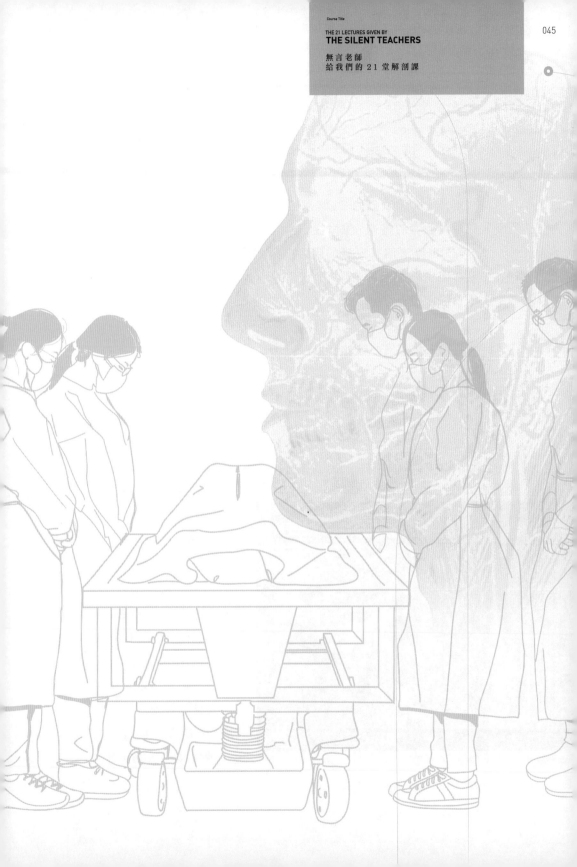

從皮肉看見生命 —— 伍桂麟

《無言老師給我們的 21 堂解剖課》是伍桂麟所參與的第三本有
關生死教育的書籍,生命從來也是一個思考不完的命題,每一次
討論,也會讓他有更深的體會。多年間,伍桂麟由遺體防腐師以
至參與生死教育的工作,除了接觸先人,更多的是觀察到家屬對
死亡的回應。死亡從來不是一個人的事,一個人的死,可以是一
個家庭、一個社區甚至整個社會的事,因此,無論是自身,甚至整
個社會文化如何回應死亡也顯得十分重要。

伍桂麟成長於中環舊區,中環是個豐富的社區,幾條街內,
有古董,有中西方藝術品,也有棺材和庵堂。可能是出於成長環境
的關係,他對於中西文化和殯葬用品也覺平常。小時候的伍桂麟學
業平平,卻鍾情於藝術繪畫,直至大學畢業後,一心想從事藝術設
計工作,然而,藝術還是留作興趣較為輕鬆。當時二十多歲的他,在親人的介紹下兼職加入殯儀工作,當初只是為了一份不錯的收入以養活自己,對生死還沒什麼感覺。由於在殯儀行業裏,要有一定經驗的員工才能安排身後事及安撫家屬,於是當時年輕的伍桂麟便參與後勤工作,

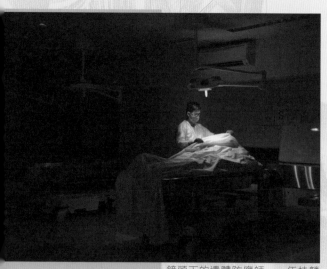

鏡頭下的遺體防腐師——伍桂麟

Course Title

THE 21 LECTURES GIVEN BY
THE SILENT TEACHERS

無言老師
給我們的 21 堂解剖課

047

當上遺體防腐這專門的學徒。

一張先人的臉，對家屬的意義其實很深。遺體防腐，原是先人因為各種安排緣故，需要隔上幾星期甚至數十天的時間才舉行喪禮，有時是為了讓先人不用因放在雪櫃太久影響面容而進行。遺體如果長時間在低溫下存放，比較薄的面部皮膚會被抽乾，以致兩眼和嘴巴張開，看起來像是不能呼吸的樣子，有時甚至會面部發黑。從家屬的角度看來，會感到先人「死唔眼閉」，內心不安樂。遺體防腐的工作，可以讓先人盡量保持去世時的樣貌，如果先人過身前因病暴瘦，在防腐過程中有着填充作用，讓先人看起來像是回到生病前的樣子，家屬看見先人躺在棺木上神情舒服一點，也有心靈的療癒作用。

從事遺體防腐工作以後，伍桂麟學習到更多遺體修復的技巧，他發現遺體修復的責任原來意味深長。處理過各類型的屍體，有些先人去世時很安詳，也有些需要多點功夫處理，才能復見本來的八成面容。遺體修復連結到從事藝術工作的技巧，人類的五官其實很精緻，所以要把五官立體地修復成原來的模樣，除了技術，也需要一點對人像繪畫的基礎。基於過往的學院派訓練，伍桂麟能把人的樣子相對接近地重現，這種工作，於面對親人突然死亡的家屬來說尤其重要，因為復修的結果，決定了先人與家屬永遠的「最後一面」。

自然死亡的先人樣貌通常較為自然；相反，經歷交通意外或自殺等的非自然死亡，則需要花更長的時間修復，一般來說，最嚴重的創傷是高空墮下。香港平均每天有兩人自殺，當中多有墮樓死亡。

如果從高樓掉下，加上掉落間碰及樓宇突出的結構，人體落地時可能會分成多份，加上由於撞擊力太大，如果頭部先行着地，腦袋也有機會掉出身體。面對這情況，仵工到場後會收集所有人體部分送到公眾殮房被法醫解剖，當家人領回先人後送到殯儀館的防腐室時，伍桂麟會從一袋人體組織中收拾分類，把肢體拼接好再將器官放回身體內。如果先人面部已經過於破碎，便有機會要從其他身體部分取出較完整的皮膚補於臉上。有時候伍桂麟需要查詢家屬取回先人的相片，再盡量把已損毀的頭部回復成先人的樣子，派上學藝術時的臨摹技巧重置五官，但也只能做到大致相似。這樣的仔細修復，可以由數小時至一兩天，甚至花上一至兩星期進行。

伍桂麟成為 TED Talk「從死看生」講員

身體多嚴重的損傷，大致上也能透過技巧去修復，唯獨碰上腐化則無計可施。香港被發現的腐屍，多數是獨居長者，有些因意外在家失救死亡，遺體腐化發出臭味才被鄰舍發現。伍桂麟也曾經協助過一位外出工幹的教會朋友，由於她同住的母親在家意外死亡，遺體被發現時已長出屍蟲和滲出屍水。在這種情況下，當遺體移送後，除了要消毒家居周圍的環境，還由於屍水已滲入地板，因此需要撬開地板進行清理。那時，伍桂麟想到如果把物品全部清理，教友與母親的回憶也會一拼被丟掉，甚至造成教友母親死亡以後的二次創傷。於是，伍桂麟希望以人性化的處理手

Course Title

THE 21 LECTURES GIVEN BY
THE SILENT TEACHERS

無言老師
給我們的 21 堂解剖課

049

法為她清理現場,盡可能讓她減輕面對死亡時的傷痛,直至完成家居裝修為止。

這位朋友的經歷讓伍桂麟想到,其實每一個人也需要這種人性化處理死亡的關懷。他在思考如何可以讓更多人能更好地面對死亡,將死亡的傷痛減輕,甚至昇華。至於自殺而死的先人,亦讓伍桂麟想到為何他們不顧身體四分五裂仍會選擇這一條路,在生與死的瞬間,是否有一些空間可以讓他們走過?這些扣問,讓伍桂麟意識到,死者已矣,再高的遺體技術,也無法改變他人命運,然而,死亡卻會改變其他在世者的生命。於是,伍桂麟希望透過生死的反思,以死亡的意義承托在生者更好的生命,這樣才能對生命帶來正面的改變。

從二十多年前開始,由一位年青的獨居長探訪義工開始,曾做過臨終患者及防止自殺的義工服務,期間不斷進修生死教育課題,而他六年前開始從 Facebook「生死教育 X 伍桂麟」及「陪着你嘔」專頁拓展網上社交平台,到近年成立「香港生死學協會」及協助創辦支援弱勢社群的簡約殯儀服務。這一切動力來自他的信仰、生死反思及關愛精神,真正活出他口裏常說的話:「從死看生,活好當下」。

伍桂麟獲得 2020 年度「香港人道年獎」

第二課 脊椎

鳴謝：李衍蒨小姐

在街上看到莘莘學子背着相當具分量的書包上下課，不得不讓人感慨知識的重量是如此沉重。揹重書包，是引致脊椎側彎的其中一個因素。近十年有研究指出，學生的書包重量應只有他們體重的 10% 左右。惟現時的書包除了書簿外，還有食物盒、水樽、防疫用具等物品，令書包重量增加，影響學生的肌肉負重不平衡，容易造成脊柱側彎。

脊椎側彎有不同程度之分，有些較為輕微的，有些則嚴重到必須進行手術矯正，不過一般情況可以透過治療方案糾正。但如果是先天問題再加上姿勢欠佳就很容易令脊椎側彎問題急速惡化。

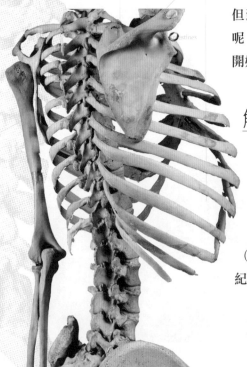

但到底脊椎側彎是如何影響脊椎呢？要了解的話必須從脊椎的結構開始。

解剖課：脊椎

人的脊椎一般共有二十四節：頸椎七節、胸椎十二節及腰椎五節，再額外有五節薦骨（sacrum）及四節尾骨（coccyx）。薦骨及尾骨會隨着年紀而慢慢融合（fused），因此

Course Title

THE 21 LECTURES GIVEN BY
THE SILENT TEACHERS

無 言 老 師
給 我 們 的 21 堂 解 剖 課

051

有部分推斷年齡的情況會參照薦骨的融合進度。至於脊椎，每節之間都有椎間盤（intervertebral disc），而平時經常聽到的椎間盤凸出（spinal disc herniation）就是與它有關，在人們死亡後，椎間盤會隨着骸骨腐化而找不到蹤影，不過可以從脊椎骨每節之間所留有的空隙來推斷椎間盤有否出現異常狀況。

因此，一般骨頭化（skeletonized）之後的骸骨，脊椎都是散開一塊塊的。

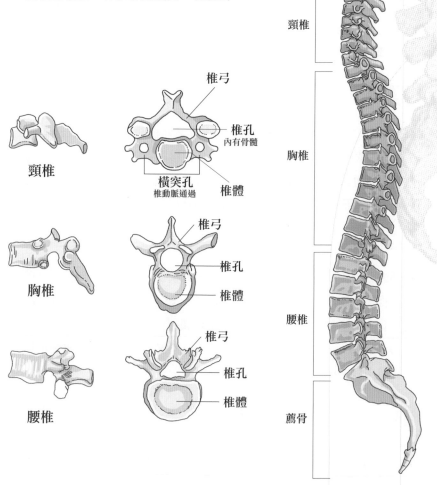

頸椎

椎弓

椎孔
內有骨髓

橫突孔
椎動脈通過

椎體

頸椎

椎弓

椎孔

椎體

胸椎

椎弓

椎孔

椎體

腰椎

頸椎

胸椎

腰椎

薦骨

脊柱內含有脊髓，脊髓是以圓柱形構造連接於延腦，由枕骨大孔（foramen magnum）延伸到第二腰椎（L2）的位置。這粗大的神經束負責協助腦和身體其他部位來回傳遞信息，並且沿着椎孔形成的通道向下延伸，而肌肉、血管和神經則位於脊柱前面及兩側。

脊神經

脊神經一共有三十一對（八對頸神經、十二對胸神經、五對腰神經、五對薦神經及一對尾神經）。這些神經會從脊髓中分支出來，穿過椎骨之間向外延伸到周圍的器官及組織。

椎間盤

每對椎骨中間（vertebral body）有一塊名叫椎間盤（intervertebral disc）的軟墊。它的角色是用作支撐及轉移椎骨之間的負荷。椎間盤讓脊椎骨可以靈活活動並吸收整個脊柱的震動，所以每個椎間盤的外層都很堅固但中間較有彈性，情況就如球鞋的氣墊一樣。在脊椎彎曲或是扭動時，它便會承受當中的壓力。

椎間盤隨着年齡增長會漸漸受兩邊的骨頭擠壓，甚至壓迫到神經。因為脊椎塊外圍的環狀纖維（annulus fibrosus）在受到磨損，或是因為退化、含水量降低而受外力撞擊出現裂縫；另外，原本具彈性抵抗壓力的髓核（nucleus pulposus），在受不了重力的情況下會經由環狀纖維向外突出而造成椎間盤突出的現象。

都市病小知識：脊柱側彎

小朋友防範脊柱側彎要掌握三大關鍵階段：六歲、九歲和十一至十二

Course Title

THE 21 LECTURES GIVEN BY
THE SILENT TEACHERS

無言老師
給我們的 21 堂解剖課

053

歲。如果小朋友天生有脊柱側彎，在這三個階段是最容易檢查得到，然後及早治療。一旦踏入青春期，情況可以急劇惡化，腰骨可以愈來愈歪。有研究指，女生較男生更容易患有脊柱側彎，比例是 7:3。由於孩子成長時脊骨同時會增長，如有脊柱側彎的基因，或會令腰骨有少許微彎。如果此時沒有適當的治療或刺激神經，肌肉生長便會跟不上骨骼生長速度，骨一增長就會歪，形成脊柱側彎。

脊柱側彎分為三個弧度程度：0-15 度為輕度；16-35 度是中度、36-50 度為嚴重。輕度方面，從外觀上未必察覺得到；中度則能以肉眼觀察到有高低膊問題。當情況嚴重至 28-35 度，他們需要配戴脊骨架二十四小時，才能停止弧度繼續惡化。

健康生活小知識：坐的禍害

我們一直都在享受物流便捷所帶來的好處，但便捷背後是一群職工辛勞工作的歲月，特別是需要駕駛長途貨車、於貨運碼頭工作的工人等。由於工時長，加上工種或工作環境不允許他們經常停下來休息，長時間在這種工作環境下工作對他們身體——尤其骨頭有什麼影響呢？

2015 年，美國的國家職業安全與健康研究所（National Institute for Occupational Health and Safety）所進行的研究指出職業貨車司機由於長時間處於坐着的姿勢，除了對身體的血液循環有影響外，亦會影響到睡眠質素及引起骨頭肌肉問題！

在眾多關節及骨頭當中，以脊椎、腳腕等部位最為嚴重！首先，由於長時間處於駕駛狀態，需要不斷踏油門或是煞車，這都是重複又重複地使用腳腕的肌腱，繼而發炎。除此之外，坐姿會長期施加重量於脊椎骨上，加上缺乏訓練脊椎周邊肌肉，令到脊椎及背部承重不足，長此下去會使脊椎骨受傷，甚至上車下車等簡單活動都能造成脊椎骨折。此外，還有因為不當的坐姿及缺乏靈活運動所引致的背痛、肩膀痛。

不過，這些問題其實不限於職業司機身上發生，只要從事需要長期坐着的職業都會有類似問題。因此，近年愈來愈多人倡議「standing desk」，推廣站着工作以紓緩因為坐着而衍生的身體及健康問題。不過，當務之急的是，正坐着的我們先不要完全坐直，也不要彎曲着身體，反而讓背部靠着一個枕頭之類的東西，讓它輕輕承托着，這是對脊椎承托最好、最舒服的做法！

體質人類學小知識：兩足主義 I

人類經歷了千千萬萬年才正式學會並演化為兩腳站立活動的動物。人類的身體為了達到這個目的不斷地作出相關改變去支撐身體的重量及增加活動靈活度。這種變化與其他物種非常不同。

其中一個兩足主義（bipedalism）的最大分別是人類直立的身軀，因此會非常依賴脊椎及雙腳支撐。特別是脊椎，與其他相類近的動物比起來，人類的脊椎是有一個自然弧度。而如果再仔細地觀察，會發現是兩個自然弧度才對，胸椎（thoracic）的位置有一個，然後在

Course Title

THE 21 LECTURES GIVEN BY
THE SILENT TEACHERS

無言老師
給我們的 21 堂解剖課

055

腰椎（lumbar）的位置也有一個，這兩個弧度的作用就是為了將軀
幹的重量集中及放於盆骨上，讓盆骨完美地作為重力支撐，配合其他
身體部分的變化與改變，就成就了人類今天兩足活動的優越條件。

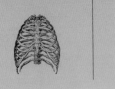

第三課 肋骨

更多資訊

鳴謝：李衍蒨小姐

萬物之初，造物主按照自己的肖像創造了亞當（Adam）。在一個晚上，造物主決定為亞當創造一個同伴，於是從亞當身上取了一根肋骨，成了夏娃（Eve），亞當和夏娃因此成為了世界上第一對男女。當然，不同宗教對於《創世紀》及人類出現方式都有各自的看法，也有神學家及希伯來文學者指出「肋骨」（rib）一詞是翻譯上的錯誤，不過隨着亞當與夏娃的故事廣為流傳，很多人都不禁問：「如果是這樣的話，男和女的肋骨數量是否不一樣？從邏輯推算，男性應該比女性少了一根肋骨？」關於宗教故事的出處，還是交回給神學學者吧！不過從解剖學角度看來，每個人的肋骨數量的確會有機會不一樣，但原因與性別無關，而是因為受到家族或族群的基因影響！這些肋骨數量的變異可以對我們身體沒有任何影響，但同時亦有機會成為某些遺傳及基因疾病的高危因素（risk factor）。

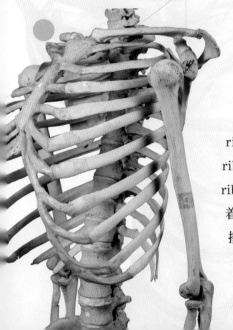

解剖課：肋骨結構

人體內共有十二對肋骨。這十二對肋骨分成三類：第一到第七對稱為真肋骨（true ribs）；第八到第十對稱為假肋（false ribs）；第十一及第十二對稱為浮肋（floating ribs）。真假肋骨的分別在於肋骨是否直接連接着胸骨：第一至第七對的真肋是直接和胸骨相接的肋骨；第八至第十對的假肋則沒有直接

Course Title

THE 21 LECTURES GIVEN BY
THE SILENT TEACHERS

無言老師
給我們的 21 堂解剖課

057

與胸骨相接，這些肋骨是透過軟骨（稱為肋軟骨）與胸骨連接，而肋軟骨與上方的肋骨形成肋骨緣（costal margins），至於第十一及十二對肋骨因為既不接胸骨，亦不接軟骨和其他肋骨，就如懸浮於空中，因此獨立歸類為浮肋。

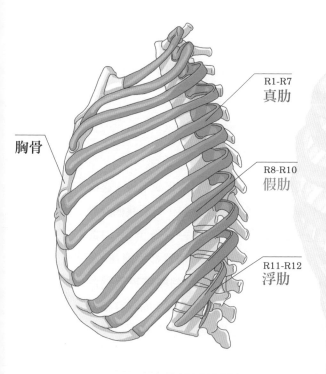

R1-R7
真肋

R8-R10
假肋

R11-R12
浮肋

胸骨

從肋骨的結構看來，十二對肋骨既有相同之處，亦有各自獨特的地方。當中，第一及第二對肋骨的結構最為獨特，稱之為非典型肋骨（atypical ribs）。由於非典型肋骨的結構與其他肋骨最不一樣，因此辨識度最高。第一肋骨為扁型骨，是十二對肋骨中最短、最彎曲的，一般都較難隔着皮膚摸到。第一肋骨雖然短小，但特徵頗多，它的結節（tubercle）與胸椎（thoracic vertebra）第一塊的橫突形成橫突肋關節面（transverse costal facet）。另外，由於第一肋骨的上面分別有鎖骨下動脈（subclavian artery）與靜脈（subclavian vein）經過，因此肋骨上有兩個溝痕（groove）。至於第二肋骨的結構大概與第一肋骨一致，但長度為第一肋骨的兩倍，而且沒有那麼彎曲。第二肋骨可說是外觀上明顯摸到與典型肋骨相似的一對肋骨。

第十一及第十二對肋骨稱為浮肋,與其他兩種肋骨結構相比,浮肋的角度及中央溝都很小甚或沒有,並且沒有結節及頸。骨長也較短及直指前方,沒有如其他肋骨般的弧度。一般來說,除了第一、第二、第十一及第十二對肋骨較易辨認外,其他肋骨的順序都可以按照其整體弧度來辨認。

整個肋骨骨架能有效保護我們重要的維生器官:肺、心,肋骨骨架與肋骨緣肌肉為肺部進行呼吸作用時提供一個相對彈性的空間,這些都是維持我們生命既重要且巧妙和諧的結構。

體質人類學小知識:兩足主義 II

我們可以從肋骨及胸腔結構尋找到人類從四足主義演化成兩足主義的痕迹。由於地心吸力關係,不論是兩足或是四足主義,只要我們身體器官是貼近地下表面的話都會很容易受地心引力「吸引」,因此胸腔骨架有着一個環抱式設計,目的是要把所有器官都「抱住」。由於四足動物身體與地面的接觸面較多,為了達到剛剛提及過的目的,牠們的肋骨結構都比較扁平而長,而且角度與地面及脊椎成垂直九十度,看起來就像把胸腔裏的器官透過肋骨捆綁起來。

至於奉行兩足主義的人類與地心引力的接觸面較四足動物少,但依然存在另一個問題!人類的內臟位置因為兩足的關係而有點像是「疊高」了,因此,假設沒有胸腔骨架,或是人類的胸腔骨架依然沿用四足動物的骨架的話,人類的所有維生器官就會垂直的跌到地上,所以人類的肋骨除了比較細長外,更重要的是肋骨會以一個能夠完全環抱人類器官的角度擺放。

Course Title

THE 21 LECTURES GIVEN BY
THE SILENT TEACHERS

無言老師
給我們的 21 堂解剖課

059

法醫人類學小知識：
從肋骨推斷年齡

在法醫人類學中，推斷年齡的方式有很多種，其中一種就是利用肋骨推斷年齡，多數用於成年人，當中以推斷年長人士的年齡尤其準確。這個方式由 Iscan 及 Loth 於 1986 年研究及發表，當時他們主要研究第四對肋骨的胸骨肋骨端（sternal end）之蛻變，他們發現這末端的肋骨的確會隨着年齡有所變化，但性別亦會使結果有所不同。

Iscan 及 Loth 在研究肋骨胸骨末端時，分別從其形狀（shape）、模樣（form）、質感（texture）及整體質感（overall quality）去評核。從研究得知，最初（即年輕時）的肋骨胸骨末端，都是扁平並有些凹陷（billowy），而邊緣則是很規則及圓滑（regular and rounded）。隨着時間流逝，當人類年紀愈來愈大，肋骨胸骨末端的邊緣便會愈來愈薄，並且開始呈現不規則，而且表面再也不扁平，反而多了很多小孔。這個推斷年齡的方式也適用於第三及第五對肋骨。

生活小知識：打噴嚏會造成肋骨骨折？

打噴嚏都會骨折？這絕對不是誇張說法！這類型的骨折屬於低衝擊骨折（low impact fracture），亦稱為脆性骨折。低衝擊骨折經常發生於骨質較差的人身上，因此較大機會在長者身上出現。由於打噴嚏時胸骨和胸腔肌肉會強力收縮，肋骨因而有機會斷掉。美國肺臟協

會（American Lung Association）表示打噴嚏的速度可以高達時速一百公里！畢竟，打噴嚏是我們身體把有害物排出體外的機制。

脆性骨折其實亦常見於長者多個部位，例如手腕、脊椎、髖關節等，因此容易對生活及行動造成不便，即使進行手術，在復原後行動力亦會變差，甚至永久傷殘。

骨質在人們二十五至三十歲時處於儲備階段，三十歲後所有人的骨質都會慢慢下降。因此，要避免老年時出現骨質疏鬆的話，就要在年輕時積極準備。其實，適當的負重運動有助骨質生長，緩步跑、室內單車、原地跳十五至二十分鐘等簡單運動亦可以鍛煉關節，減低跌倒而骨折的機會。每天在陽光柔和時，曬太陽十五至二十分鐘亦有助身體製造維他命 D，協助鈣質吸收，這些簡單方法都能對骨頭產生非常有效的幫助！

Course Title

THE 21 LECTURES GIVEN BY
THE SILENT TEACHERS

無言老師
給我們的 21 堂解剖課

061

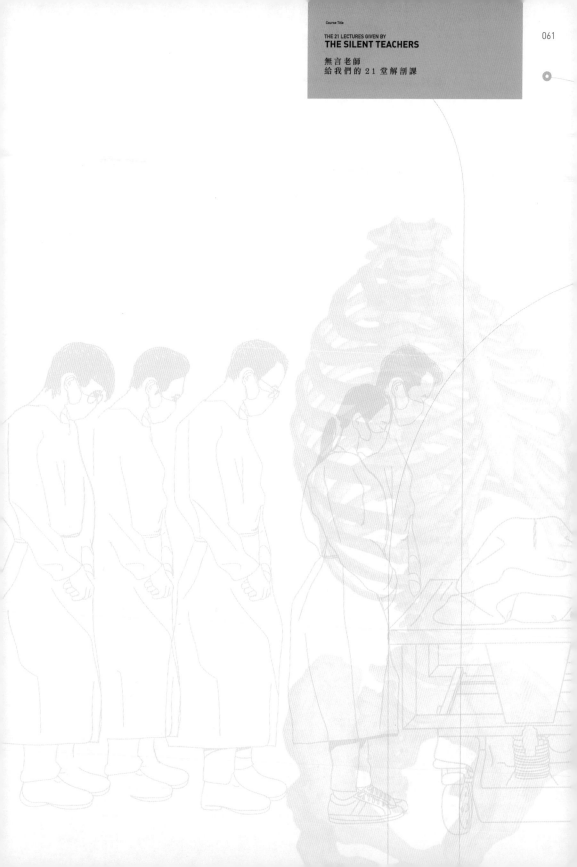

第四課 盆骨

更多資訊

鳴謝：李衍蒨小姐

你知道我們的身體裏有着一對大大的大象耳朵嗎？那麼這對耳朵是在哪裏呢？

如果你正在站着思考這個問題的話，不知道你有沒有叉腰呢？如果有的話，你就等同在摸着我們體內的大象耳朵了！大象耳朵位於盆骨裏面的其中一個部分——髂骨（ilium）。

那為什麼我們體內會有一對大耳朵呢？其實，這與我們能夠兩足行走有關，但在探討人類演化與身體結構互相關聯的奧妙之前，我們先了解一下現在的盆骨結構吧！

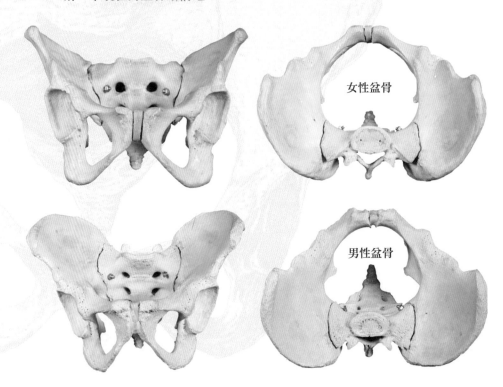

女性盆骨

男性盆骨

Course Title

THE 21 LECTURES GIVEN BY
THE SILENT TEACHERS

無言老師
給我們的 21 堂解剖課

063

解剖課：盆骨結構

盆骨（pelvis）一字來自於拉丁文，意思是指基礎（basin）。盆骨保護着我們體內的大腸、小腸、膀胱這些協助消化及其他生殖器官，所以非常重要，亦引證了「基礎」這個詞語的意思。根據美國外傷醫學會（American Association for the Surgery of Trauma）所指，大約有 8-9% 的鈍器創傷（blunt force trauma）都會涉及盆骨，傷勢甚至會骨折，這些意外包括跌傷、墮樓、單車意外、交通意外、行人被車撞等外力衝擊相對大的意外事故。如果事故導致盆骨骨折，就有機會傷及膀胱，需要以鋼板等手術處理。

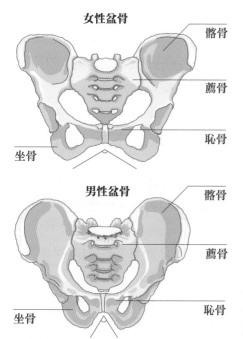

女性盆骨

髂骨

薦骨

恥骨

坐骨

男性盆骨

髂骨

薦骨

恥骨

坐骨

盆骨是由左右兩髖骨（os coxae）、骶骨（sacrum）及尾骨（coccyx）組成，它的上面較寬，下面較窄，兩者的分界線稱為盆骨界線（pelvic brim）。在懷孕晚期，胎兒頭部所頂着的就是這個位置，而在分娩期，盆腔窩型構造能使嬰兒的頭部轉動至以面部向下的姿態出生。除了生殖器官外，盆骨還有膀胱及直腸末端的部分。

盆骨有着把身體重量傳送到地面的作用，身體的重量通過脊柱轉移到骶髂關節（sacroiliac joint），然後

到髖關節及股骨（femur），這些關節都被韌帶緊緊包繞着，前面的恥骨聯合（pubic synthesis）也非常鞏固，當女性到了生育年齡，她的關節能稍稍移動，在懷孕期間，關節亦會因激素的作用而變得鬆弛。

人骨小知識：性別判斷

談到男性及女性的骨骼時，一般都會聯想到男性個子高、肩膀寬、粗獷及骨頭很大等，而女性則是身材瘦小、細緻，給人柔軟的感覺，然而，盆骨的分別就更為明顯！這是由於男女在生理結構上有着不同用途，女性因為有生產功能，因此在盆骨上與男性有着很大差別。在恥骨下方部分形成的角度，即恥骨下角（subpubic angle），男性一般為 60 至 70 度，而女性則為 90 至 100 度。如果從盆骨中的洞看進生產通道（birth canal），男性盆骨的骨頭粗糙突出而且狹窄，而女性的則較為圓及寬——可以把女性整個盆骨想像成一個大湯碗的形狀，這形狀能保持產道空間順暢，有助生產。

體質人類學小知識：兩足主義 III

現代智人（Homo sapiens）與其他人族（hominins）是相比起人類外唯一一種靈長目選取了雙足主義（bipedalism）作日常運動（locomotion）之用。然而，這並不只是一項能一夜之間發生的選項，當中牽涉的解剖結構及改變也不少。在功能上，最重要的改變是我們直立走路的步態（gait），令到體重的分佈都落在下肢上。因此，其中一個重要結構是要維持我們的體重重心。

Course Title
THE 21 LECTURES GIVEN BY
THE SILENT TEACHERS
無言老師
給我們的 21 堂解剖課

065

為了達到兩足運動的目標，人類其中一個改變得最多的位置就是盆骨。人類盆骨中的髖骨可細分為恥骨（pubis）、髂骨（ilium）及坐骨（ischium）。與四足動物相比，牠們的盆骨都較長且幾乎與脊椎末端並排，在其他人族動物來說，例如：黑猩猩（chimpanzee），盆骨就比較短而寬。至於智人的盆骨與脊椎末端並不是彼此平行，而是盆骨稍稍向前微傾，這能夠協助我們在站立和運動姿勢間將重量轉換，並傳遞力量至髖關節。另外，兩邊的髂骨就如包裹一樣，形成了一個兜的形態，承載着腹腔裏面的器官。

婦產科小知識

當孕婦準備生產時，孕婦的身體會分泌一種名為鬆弛素（relaxin）的荷爾蒙，協助孕婦的身體適應及調節嬰兒將會離開母體的動作，並軟化子宮頸的位置。在孕婦生產的時候，盆骨裏面的關節位置，尤其是恥骨聯合這部分的關節會變鬆，甚至會稍微分開。有些孕婦在懷孕期間其實已經感受到恥骨的位置會出現輕微疼痛，背後的道理亦同樣，目的就是去遷就成長中的胎兒。不過有時候因為鬆弛素分泌的關係令到盆骨關節過於鬆弛，繼而產生大量疼痛的感覺，令到恥骨聯合分離（symphysis pubis dysfunction），導致盆骨關節極為不穩定並且造成會陰（perineum）、盆骨及大髀較弱，影響到日常走路等活動。有些孕婦因此需要佩戴盆骨腰帶（pelvic belt）改善此情況。一般來說，女性生產過後情況便會有所改善，但亦有些女士需要物理治療協助才能回歸日常生活。

骨頭的名字——李衍蒨

在一些長久以來非安寧之地，例如：索馬里蘭、柬埔寨或中東國家，不時會挖出些亂葬崗，這些骸骨可能代表着一場戰爭、一次滅村或是一次種族屠殺。對一般人而言，挖出的是一堆可怕的骨頭；然而，亦有人會考查他們是誰，然後以現代科技給無名屍首一個臉孔。當這些骸骨尋回身分，便有機會找到他們的家人，無名屍首的生命故事並未完結，而是尚有一場等待已久的重逢。

時間線上，有人喜歡探索未來；有人愛追尋過去，法醫人類學家李衍蒨鍾情於以醫學及生物科技知識，從人的遺骸上找回一個時空的故事。

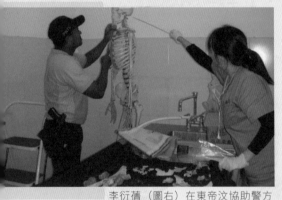

李衍蒨（圖右）在東帝汶協助警方進行法醫人類學相關調查

法醫人類學家與一般電視劇所理解的「法醫」不同，香港人俗稱的「法醫」是法醫科專科醫生。法醫科專科醫生主要負責透過處理有軟組織，即仍有肉的屍體去找出死因、簽發死亡證等。而法醫人類學家以找出死者的身分為重點，以專業知識，透過骸骨或屍體，尋回原來的身分，希望將死者還給家屬。若果是群體死亡事件，透過重塑死者的身世和死因，更可拼湊出被埋沒的真相，甚至追究戰爭罪行，為單一死者以至一個民族討回公道。

Course Title

THE 21 LECTURES GIVEN BY
THE SILENT TEACHERS

無言老師
給我們的 21 堂解剖課

067

常言道：「歷史是由勝利者所書寫的」，但如果要全面地了解一個故事，無論勝者和敗者的角度都同樣重要，正視歷史的真相，亦有助思考文明的本質。李衍蒨說，法醫人類學是人類學其中一個分支，「人類學」聽起來像很廣泛，其實人類學本身是一個跨科的學問，講求的是一種全面觀，即是以全面的角度去求知探索有關人類的古往今來，嘗試透過歷史、宗教、階級文化等去重塑一個人在某個時空的真正面貌。任何文本紀錄也可以有所隱瞞，而最直接的真相，便是實實在在的向當事人尋問。法醫人類學，正是透過生物和科學的層面，憑骨頭留下的痕迹和印記，了解那個人的一生。

當髮膚消失後，人能擁有最久的也只有一副骨頭。其實人體內有一半是骨頭，而每一個人的一生，也會被記載在骨頭之中。憑着鑑證骸骨，除了性別、年齡、身高、家族背景這些基本資料外，亦能從中得知死者生前是勞碌一生還是生活舒適、是飽足還是受餓，甚至知道他在世時有什麼病痛，更可以透過臉骨重塑死者生前的樣貌。

在戰亂國家，死亡對家屬而言是不幸，但更可悲的是音信全無。有些人仍等着親人回家，但他們所等待的人可能已被亂埋在黃土下數十年。李衍蒨指：「能找到親人的屍骨的確不多，一百具骸骨中大概只能為二十具找回親人。但即使如此，對於那些曾真實地活過

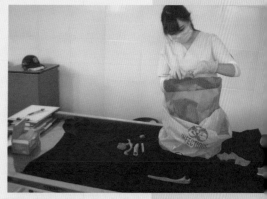

李衍蒨處理於東帝汶發現的
無人認領骸骨

的人，我們嘗試還他們一個身分，那至少是一份對生命的尊重。
而能夠為死者找到家屬的故事，更是讓人深刻鼓舞。」

除了進行骸骨處理的工作，李衍蒨亦會與當地人交流，收集口
述歷史。當中，她曾經在與一位戰爭見證者訪談時，得知他有一
位失蹤多年的弟弟。這位見證者已屆中年，腦海中是弟弟少年
時的樣貌，他說弟弟門牙有一條很闊的隙縫。李衍蒨立即想到
工作間內其中一具遺骸有着同樣特徵，所描述的失蹤年份也與
死亡時間相近。她與團隊便立
即嘗試重塑死者在生時的面
貌，繪製出他微笑的表情。
結果，把影像一送到那位戰爭
見證者眼前，他已經泣不成聲，
激動地說這位就是他失散多
年的弟弟，想不到數十年後，
兩兄弟雖然天人相隔，卻仍能
在今世重逢。

李衍蒨在塞浦路斯進行人道主義相關項目

生命不是死如燈滅，死者的下落可能影響着在生者的一生。
有時，找到一具屍首，可以改變一個家庭，不至於遺憾終生。

在香港，法醫人類學家是冷門的職業，普遍市民對骨頭的認識
亦不深。李衍蒨認為，骨頭雖不被重視，但亦非不重要，正因為
骨頭在日常生活或文化中，也像被埋藏在深處不受注視般，
才吸引到她。

Course Title
THE 21 LECTURES GIVEN BY
THE SILENT TEACHERS

無言老師
給我們的 21 堂解剖課

069

李衍蒨舉例說，有些關於骨頭的罕見病較少被人討論，例如「石頭人症」，正式名稱是「進行性骨化性肌炎」，由於基因出現病變，當患者身體上的纖維組織（如肌肉、韌帶等）受傷時，身體不會啟動治癒機制，而是把這組織骨化，即使是十分微小的拉傷，甚至只是嘴巴生痱滋，也會讓那些組織變成新的骨，患者平均年齡只有 40 歲。長久下來，患者會生出「第二副骨頭」，影響身體的活動能力，大部分患者最終要以輪椅代步。雖然這個罕見病症的患病率差不多是數百萬分之一，但其實亦不是想像中那麼遙遠，在香港街頭也可能會遇上此病的患者，患上罕見疾病的病人，都希望得到更多人的了解，不再被異樣的目光看待。因此了解不同的罕見病，亦是對他們的一種關懷。

「骨頭的變化很慢，當人們的骨受傷，往往以為在拆下石膏時已代表康復，但其實康復的過程才剛剛開始，然而這情況就令有些人因為不懂保護骨頭而慣性骨折。骨頭也不像身體其他部分，出了毛病便立即以疼痛『投訴』，骨頭反而是累積了一個人長久下來的習慣，並反映着他的生活習慣，就如運動員與久坐者也會出現不同的骨頭毛病。」李衍蒨解釋。所以說，每一個人的骨頭，也在留下一個專屬的生活故事。

CLASS 02.3
四肢及關節
LESSON

⑤ 上肢

第
五
課 上肢

更
多
資
訊

鳴謝：潘匡杰博士（生物醫學學院高級講師）

隨着電競業崛起，近年愈來愈多年輕人打算將自己的興趣發展為
事業，達致寓工作於娛樂。但是，電競選手為了提升自己的技術、
成績及知名度而長時間使用電腦，結果令到身體出現不同程度的傷
害及肌肉損傷。然而，這些問題不單止出現在電競選手身上，在近
十多年間，由於使用電腦而導致身體出現長期固定姿勢所引起的肌
肉及骨骼系統問題變得普遍，更會出現不同程度的「都市病」，
例如：五十肩或四十肩、網球肘（tennis elbow）等，到底這些問
題是如何從我們的上肢結構衍生出來的呢？而這些都市病又是
什麼？

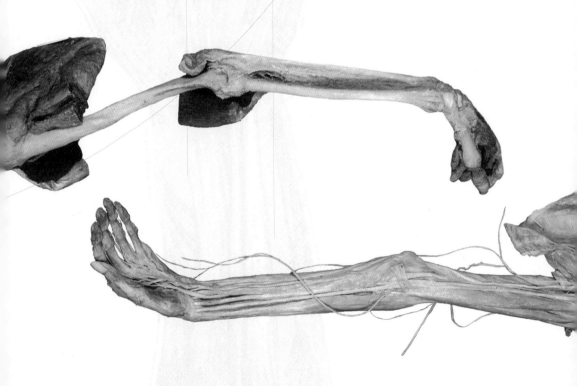

Course Title

THE 21 LECTURES GIVEN BY
THE SILENT TEACHERS

無言老師
給我們的 21 堂解剖課

071

解剖課：
上肢（肩膊、上臂、手踭、前臂、手腕及手掌）

上肢是人體的一部分，一般包括肩膊、上臂、手踭、前臂、手腕及手掌。人類跟大部分哺乳類動物最大的不同，就是人類是用腳走路，可以空出雙手做其他工作，例如使用工具、防衞、採摘水果等。我們可以從不同結構層面了解上肢的功能，以及應用在日常生活中的相關活動。

鎖骨
肩胛骨
脊椎 + 肋骨
肱骨
橈骨
尺骨
腕骨
指骨

骨骼

上臂只有一條長骨叫肱骨（humerus），至於前臂部分是由兩條骨：橈骨（radius）及尺骨（ulna）組成，手掌及手指則由二十七塊細骨組成。肱骨跟肩胛骨（scapula）形成肩膊關節，把上肢連接胸腔及身軀。相比其他靈長類及哺乳類動物，人的上肢比較靈活，容許做出多個方向的動作，但由於太靈活的關係，因此犧牲了肩膊及上肢的穩定性，所以肩膊關節是比身體其他部位容易脫骹的。

肌肉

肩膊最大的肌肉是三角肌（deltoid），三角肌可幫助人類向外提起手臂，同時會作注射藥物之用。上臂可以分為前後兩組肌肉，前面肌肉主要幫助屈曲上臂及

前臂。後面肌肉幫助相反伸展上臂及前臂。前臂的肌肉可屈曲手腕及做出屈指的動作，亦可令手腕做出旋前及旋後的動作。人類手掌的肌肉多而細小，靈活多變，最特別是能做出對指的動作，人類亦因此比其他靈長類動物優秀。一般人會覺得肱二頭肌（biceps）的主要動作是屈曲前臂，但其實肱二頭肌是一個主要的旋後肌肉，當我們用螺絲批扭緊螺絲時，正是肱二頭肌在發力！

血管

上肢血管的名稱跟骨骼名稱有關，所以我們上臂有肱動脈，前臂有橈動脈及尺動脈。中醫在把脈時所「把」的位置，就是「把」在近手指頭的橈動脈上。手掌位置，橈動脈及尺動脈會形成一個動脈弓，動脈弓上的分支供應血液給手掌及手指，因為有動脈弓的緣故，所以就算其中一條血管有阻塞，手掌及手指也不會缺血。橈動脈亦可取代大髀的股動脈，用作「心臟通波仔手術」的導入口以減低手術後的併發症及不良後果。

上肢皮膚下淺層的靜脈分別是頭靜脈（cephalic vein）及貴要靜脈（basilic vein）。在手踭位置，頭靜脈及貴要靜脈會由一條肘正中靜脈（median cubital vein）連在一起。一般肘窩抽血的位置就是肘正中靜脈及頭靜脈。跟動脈（artery）相似，手背也有靜脈弓連接頭靜脈及貴要靜脈。手背的靜脈弓通常用作靜脈注射或者作俗稱「吊鹽水」之用。

神經

上肢由臂叢神經控制，臂叢神經是由最後四條頸脊髓神經及第一條

Course Title

THE 21 LECTURES GIVEN BY
THE SILENT TEACHERS

無言老師
給我們的 21 堂解剖課

073

胸脊髓神經所組成，主要分支包括正中神經、肌皮神經、尺神經及橈神經。肱骨近頸部對下的位置比較幼，所以撞擊時較容易骨折，橈神經正正是從這個位置後面走過，因此很多時肱骨骨折都會影響橈神經。如果橈神經受影響，病人提起手腕時會發現手腕無力向下垂。手踭內側骨頭後面有另一條尺神經，碰撞時會擠壓造成無名指及尾指麻痺。手腕正中有一條腕管給予屈指肌肉筋腱及正中神經穿過，手腕運動過度會令腕管內的組織發炎及腫脹，由於腕管空間有限，腕管收窄會令正中神經受壓，導致病人的拇指、食指及中指三隻手指麻痺及無力，形成腕管綜合症。

職業安全小知識：電腦用家的煎熬

隨着科技發達，工作上使用電腦的機會及時間都愈來愈長！這些因為重複使用、壓迫甚至長期固定姿勢所引起的肌肉骨骼系統甚至神經損傷，都被稱為「重複性勞損」（repetitive strain injury，RSI）。而絕大部分的 RSI 都會出現以下幾種症狀：酸痛、疼痛，甚至肌肉無力，而且疼痛發作的頻率會愈來愈頻繁。

由於電腦的設計不太符合人體工學，導致長時間使用電腦等於令身體處於一個奇怪姿勢。最常聽到的就是因為長期重複伸展手腕或是用力過度造成的「網球肘」（tennis elbow），這類型病症常見於主婦甚至部分運動員身上，而長期不當使用電腦或抓握滑鼠姿勢錯誤都會造成這個情況，而另外一個常見原因則是長期坐着使用電腦，繼而令到背部的支撐及弧度出現變化。然而，這些不良姿勢的壞處並不限於上班族，對學生一族亦造成嚴重影響，因此亦稱為「學生病症」（student syndrome）！此外，長期坐着更會對椎間盤造成壓力甚至移位，繼而

擠壓神經，造成疼痛，也有機會使低腰的韌帶撕裂或旁邊的肌肉因為沒有足夠承托而發炎。這些因為長時間使用電腦的傷害，可說是牽一髮動全身的大幅度影響健康。

隨着生活模式的改變，這些因為活動而造成的身體及骨骼變化與傷害亦會愈來愈多。過去十年間，不同學者都在生活中觀察到這些細微變化並去信到各大學術期刊，希望喚起同業的關注及討論。其中，有些因為打機而衍生的損傷更被命名為「PlayStation thumb」！若干年後，當後代回頭檢查我們的骨頭時，便會有很多很有趣的名詞或是特殊發現，證明現代的我們是如何生活。

健康小知識：
五十肩真的五十歲才有嗎？

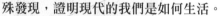

長輩到了一定年紀，都會在某一天突然發現肩膊份外疼痛、舉不起手腕等部分，這種症狀被稱為「五十肩」，有些人甚至稱它為「四十肩」。因為這症狀通常在長輩身上出現，所以很多人都認為這是年老的象徵。

其實，五十肩的成因是肩關節收窄，肩關節由三塊骨頭構成，包括：鎖骨（clavicle）、肱骨（humerus）及肩胛骨（scapula）。這三塊骨頭在肩膊範圍互相連接，目的是讓肩膊這個球窩關節能夠靈活轉動，擴大肩膊的可動範圍，而這些關節一般都有一個關節囊。五十肩就是本來能順暢地滑來滑去、轉動如流的關節，突然像被膠水黏住而收窄，使肩膊活動受限。不過，肩膊受限不等於五十肩，有人認為這可能是由於肩膊平時不太用力的

Course Title

THE 21 LECTURES GIVEN BY
THE SILENT TEACHERS

無言老師
給我們的 21 堂解剖課

075

關係，或是這個關節特別緊繃才會出現五十肩的情況，所以五十肩的治療方式就猶如使關節鬆動，也就是透過動作來拉開關節囊，令它們不再黏住，從而慢慢增加該關節的活動程度。這過程十分疼痛，但要復原的話必須克服。

細想一下，最近的你有沒有活動過這個關節？有沒有做過兩手完全舉高的動作呢？隨着年紀增長，日常動作變得愈來愈小，關節也愈來愈緊繃。讀到這裏，趕快站起來伸展一下，維持身體的柔軟度吧！

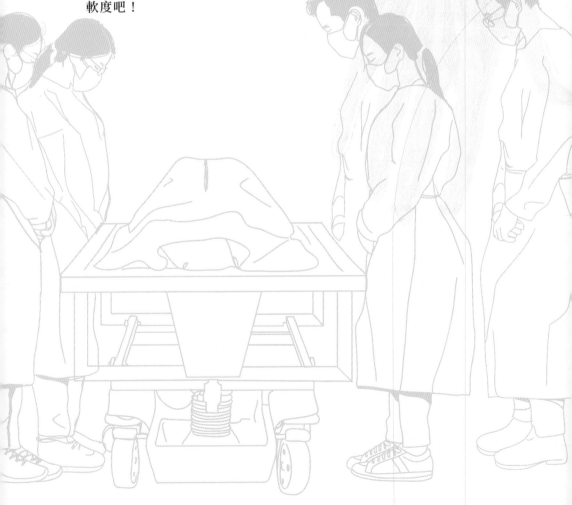

第六課 下肢

鳴謝：鄧美娟博士（生物醫學學院講師）

2010 年，阿仙奴球員 Aaron Ramsey 於英格蘭超級聯賽對陣史篤城的比賽中，被對方球員踢到小腿，導致腓骨及脛骨骨折，休息療傷接近三百天才能重回賽場！在專業足球員的世界，嚴重骨折需要一段很長時間才能康復；並且要配合一連串的肌肉、下肢骨骼負重等相關訓練。有研究指出，像 Aaron Ramsey 般受傷過後，需療傷及復健約七個半月才可以重回訓練；並且，在受傷後九個月可以成功完成九十分鐘比賽，及應該可以有十一個月沒有再因為比賽而受傷。

到底脛骨及腓骨骨折是怎麼一回事？

在一般案例中，脛骨骨折最常見的原因就是因運動或車禍造成。脛骨內側部分非常表淺，並直接由皮膚保護，因此很容易出現骨折情況，當發生骨折時，血管及皮膚也會被戳破。脛骨最脆弱的部分位於中段到下三分之一，如果外力較嚴重，脛骨旁邊的腓骨也可能會折斷，最常見的腓骨骨折是從腳踝外側數上約 2 至 6 厘米，更有資料顯示腓骨骨折通常是腳踝受傷的相關部分。因此，當發現腓骨骨折時，還應檢查踝關節會否受了傷。

當然，除了骨折之外，小腿肌肉還會因為各種運動而出現拉傷情況。至於因為生活習慣而在半夜出現擾人清夢的小腿抽筋，到底又是怎麼一回事？

Course Title

THE 21 LECTURES GIVEN BY
THE SILENT TEACHERS

無言老師
給我們的 21 堂解剖課

077

解剖課：下肢（大腿、小腿、腳掌）

「下肢」一詞通常用於描述整個腿部，在人體解剖學中，下肢是附着盆骨連接軀幹，從盆骨往下就是用於承重的下肢部分。它分為三部分，位於臀部和膝蓋之間的大腿；位於膝蓋和腳踝之間的小腿；最後是足部或腳掌。

大腿裏面只有一根股骨（femur）。股骨是人體中最長和最堅硬的骨頭！股骨支撐着大而厚的肌肉群，連同猶如絲襪般可以將肌肉集中的筋膜，令到整個肌肉結構呈現垂直狀態，適合支撐個人體重。它的近端（proximal end）是股骨頭（femoral head）及股骨頸（femoral neck），這兩個部分都會陷入盆骨的髖臼（acetabulum）形成球窩構造（ball and socket）的髖關節（hip joint）。這個關節附近有較多的韌帶（ligaments），將股骨固定在髖臼，增加穩定性，防止關節脫位。而股骨的遠端（distal end）由髁（condyles）組成，它們與前方的膝蓋骨（patella）及下面小腿的脛骨（tibia）組成膝關節（knee joint），除了收縮及伸展的動作，膝關節對於負重來說亦非常重要，這些結構協調將重量從軀幹經大腿傳遞到足底。在膝蓋內部，十字韌帶（cruciate ligaments）有助於穩定關節；半月板（menisci）是關節內的軟骨結構，主要用作減震，但同時提供一定的穩定性。

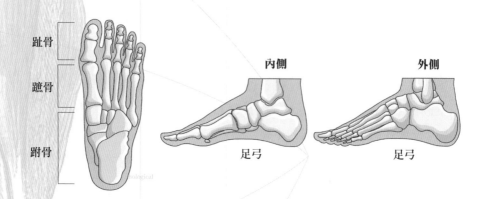

趾骨

蹠骨

跗骨

內側

外側

足弓

足弓

小腿由脛骨（tibia）及腓骨（fibula）組成，脛骨是兩者之間較厚及較
大的骨頭，位於小腿的內側（medial）。脛骨幹是三角形的，腓腸肌和
比目魚肌（gastrocnemius and soleus）附在後面，比目魚肌賦予小
腿獨特的形狀。脛骨是負責負重的，所以它的近端較寬並形成兩髁，
與股骨遠端組成膝關節。但由於脛骨前方的表面沒有任何肌肉保護，
所以當該處直接撞到或有任何創傷時，因為會直接觸動脛骨的神經，
所以會特別疼痛。現在，我們知道為什麼撞到「上五寸，下五寸」會有
特別痛的感覺。

腳踝則是由脛骨遠端的內踝（medial malleolus），腓骨遠端的
外踝（lateral malleolus）及跗骨（tarsus bones）組成。與脛骨
相比，腓骨是細長很多的三角形骨骼，它位於脛骨旁邊，與之並列，
處於小腿外側。腓骨主要是肌肉的依附點，不單是承重的骨骼，
還有伸展、屈曲和固定我們的腳踝。腓骨在遠端形成外踝，比脛骨
的內踝較為突出。我們俗稱的「拗柴」通常都是傷及腓骨遠位外踝
（lateral malleolus）的踝關節。

Course Title

THE 21 LECTURES GIVEN BY
THE SILENT TEACHERS

無言老師
給我們的 21 堂解剖課

079

足部或腳掌使我們直立並進行步行、跑步和跳躍等活動。它是由二十六塊大小不一的骨骼組成，當中分別有跗骨（tarsal bone）、蹠骨（metatarsal bones）及趾（phalanges）。肌肉、肌腱和韌帶沿着足部的背和足底面延伸，從而實現運動和平衡所需的複雜運動。阿基里斯腱（achilles tendon）將腳跟（calcaneus）連接到小腿肌肉，用於奔跑、跳躍和站立都攸關重要。足弓是由韌帶和肌腱加強跗骨及蹠骨支持所形成的拱門，使足部用最小的重量以直立姿勢支撐身體的重量，足弓可以分為縱弓（longitudinal arch）及橫弓（transverse arch），足弓的作用是用來分散身體重量，同時也協助平衡。我們常聽到的扁平足（flat feet），是足弓塌陷的遺傳因素而引起的畸形，足部的整個腳底與地面完全或接近完全接觸，就是因為重量無法分散而經常集中在同一點，繼而損害了足底筋膜（plantar fascia），形成足底筋膜炎及足跟痛。

體質人類學小知識：兩足主義 IV

下肢的結構也會因為要滿足人類的兩足生活及活動而在設計和結構上有所演化。人類股骨的角度與其他間歇性兩足活動的動物相比較為向內，把下肢收進軀幹底下以協助人類保持平衡並承托身體重量。膝蓋的結構亦因而作出演變，令這個關節可以完全伸展及靈活度更高。與其他動物相比，人類的下肢與身體的比例亦拉長了。

腳掌方面，人類的腳趾公也是一個重要的演化里程碑。與其他動物

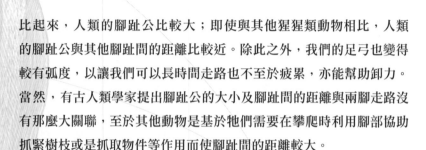

比起來，人類的腳趾公比較大；即使與其他猩猩類動物相比，人類的腳趾公與其他腳趾間的距離比較近。除此之外，我們的足弓也變得較有弧度，以讓我們可以長時間走路也不至於疲累，亦能幫助卸力。當然，有古人類學家提出腳趾公的大小及腳趾間的距離與兩腳走路沒有那麼大關聯，至於其他動物是基於牠們需要在攀爬時利用腳部協助抓緊樹枝或是抓取物件等作用而使腳趾間的距離較大。

不過，從另一角度作切入，可以理解到這種結構對於兩足主義來説承托力不太足夠，因此當我們捨棄了攀爬植物而改為以兩足走路，都可以印證着兩足主義世世代代的改變。

健康生活小知識：經濟艙症候群

腿部有被稱為「人類的第二個心臟」，但並不是因為它有着與心臟一樣的結構！整體來説，靜脈的血流需要反重力地流動，所以必須依靠下肢骨骼肌泵（skeletal muscle pump）。在直立姿勢時，骨骼肌通過壓縮下面的靜脈來幫助維持靜脈回流，從而維持血輸出量，增加流回心臟的血液。另外，當骨骼肌收縮時表面靜脈會變粗；肌肉伸展時會變細，重複這個動作可以壓迫、舒展肌肉旁邊的靜脈將血液輸送上去。這系統猶如心臟泵血的做法，因而衍生了腿部為人類的第二個心臟的説法，促進血液循環。

經濟艙症候群（Traveller's thrombosis）不只會發生在機艙裏面！簡單來説，當人長期處於坐着不動的狀態，血液循環就會變慢，腳部深處的靜脈會形成血栓，堵塞了血液從肢體回流至心臟。彎曲坐姿，

Course Title

THE 21 LECTURES GIVEN BY
THE SILENT TEACHERS

無言老師
給我們的 21 堂解剖課

081

特別是彎曲或交叉腿會使情況更加複雜，當中以離心臟最遠的小腿較為常見。血液會堆積在腿部，而含水成分則通過靜脈壁洩漏到組織中，結果腳和腿便腫了。血液會增稠，引起血液回流不順暢，造成靜脈血管內出現微小血栓塞，引發深層靜脈血管栓塞（deep vein thrombosis，DVT）。至於經濟艙症候群這名字最早於 1977 年由 Symington 及 Stack 提出，並且在 1988 年運用在病人身上。由於這種靜脈血管栓塞會在病人突然起立或走路時順着血流通到肺部，繼而堵住肺部的血管，引起肺栓（pulmonary embolism），這種症狀在任何需要長時間坐着靜止不動的活動中都有同樣的危險性，是飛行中或飛行後死亡的第二大原因，經濟艙症候群可以在長途飛行的四十八小時內發生，也有可能在下機後數小時或是幾天後才開始出現。

生活小知識：小腿抽筋怎麼辦？

小腿抽筋在醫學上稱為「腓腸肌痙攣」，特點是腓腸肌會突發性地不自主的肌肉收縮，引起劇烈疼痛，持續時間可以由幾秒鐘甚至幾分鐘不等。在跑步者中，小腿後面的腓腸肌和比目魚肌是肌肉痙攣中的常見部位。許多人會在運動數小時後或晚上睡覺時抽筋，如果在睡覺時發生抽筋的話，可能是因為腿部肌肉過度疲勞而未能緩解，加上因運動而產生的代謝物，例如：乳酸未能排除，就會出現抽筋情況。此外，如果因為大量排汗，造成血液中鹽分、電解質流失及降低，亦較容易造成小腿抽筋。還有一個原因是——身體的鈣量不足，容易產生異常的肌肉收縮，引起「腓腸肌痙攣」，這情況比較多見於容易流失鈣質或缺鈣的孕婦及患有骨質疏鬆症的人身上。

「站起來」以後 —— 羅尚尉醫生

相信大眾都無法忘記 2008 年 5 月 12 日發生的四川大地震，十數年過去，即使當刻再轟動的新聞，也會隨着年月而慢慢被社會淡忘。災難過後，當記者、義工、組織人員也慢慢退場之時，多年來以身體記住這場災難的，就是一班失去四肢的傷者。傷者們在眾人的關注和見證下「站起來」，在站起來以後，陪伴傷者繼續走下去的是一群骨科醫生與義肢矯型師，羅尚尉醫生便是其中一個。

當年，羅尚尉醫生響應號召，到四川進行災後救援工作，救人是一時的，但後續的復康過程則需要長期跟進。羅尚尉説，在香港的截肢患者多數是長者，然而四川地震中需要截肢的病患大部分都是小朋友，讓他感到十分震撼。這是由於地震發生時正值下午，因此很多傷員都是正在上課的中小學生。失去了手腳，對小孩的一生影響很大。他當時也沒想過，從災後至今定期會診，這樣便是十年之久。

羅尚尉醫生於 2017 年會診四川大地震傷者

Course Title

THE 21 LECTURES GIVEN BY
THE SILENT TEACHERS

無言老師
給我們的 21 堂解剖課

083

十年之間，當年被壓在瓦礫底下的小學生已長大成人。由於小朋友的骨骼還在發展階段，因此每隔三至四個月便要改動義肢，每隔兩至三年便需要更換義肢。陪伴一眾傷員成長，羅尚尉看到不同的成長路，有些人堅強克服傷患，以義肢走出光亮的人生路；有些人從此放棄，隱沒在黑暗的房間裏。

失去了肢體，不只是影響活動能力，更會影響整個人對自己的形象。因此，羅尚尉希望為傷者提供最好的義肢，使他們以最大的程度做到平常人生活能做的事。現時義肢技術良好，高質量的假肢可以做到 95% 的日常動作，傷員也能過着正常的生活。

一雙腿除了是日常活動的工具，亦代表着人們的自我認同。讓羅尚尉留下深刻印象的，是一位使用義肢的女傷員，羅尚尉多年來看着她成長，當女孩十八歲時，十分渴望可以穿上一對高跟鞋，大概是因為高跟鞋象徵女性身分。不能穿上高跟鞋，對她來説是一份缺失，因為普通的義肢是無法穿上高跟鞋的。幸好，羅尚尉的團隊找到資金，為傷員更換了質素更好的義肢，讓女孩能夠穿上夢寐以求的高跟鞋。作為醫者，需要照顧的不只是一雙腿，而是借一雙腿治癒傷者的心靈，讓他們建立自尊，有自信地投入社會和生活。

羅尚尉見過有位傷者起初不能接受自己被截肢的事實，寧願坐輪椅也不願意使用義肢，無法相信自己可以如正常人般生活。後來，傷者嘗試使用義肢，更回到學校學習，現在成為了一位英文老師！

看着傷員由小朋友成長，到建立了自己的生活，活得精彩，羅尚尉也感到十分欣慰。

可不是人人也能從災後創傷中走出來，羅尚尉也見過不少唏噓的
故事。

「男孩子較難接受失去了雙腿，有些人覺得變成傷殘後便實現不了
社會對他們的期望，有些家長真的會放棄患有殘疾的小朋友，復健
治療也再不看到他們出現。」羅尚尉說，社會對於男女的期望各有
不同，傳統文化期望男性身體強壯，身體是雄性力量的象徵，失去
部分身體對男性的打擊很大。因此很多男傷員後來都成為了隱青，
漸漸跟社會脫節。

人與身體的關係，始終需要自己的領悟。醫者只能施予外在協助，
如何跟不一樣的身體共存，還需要靠傷者自己努力。

怎樣的處理會對傷者最好？羅尚尉也說是一言難盡。他記得，當年
有一位三歲的女孩被截肢，那女孩的父母早已在災難中去世。
然而，那時的女孩還未理解到手腳的意義，照顧她的叔叔便哄她
「腳會長回來的」，於是女孩便一直相信自己的腿會長回來，醫護
人員也不敢貿然拆穿。直至年月過去，在某次覆診之時，開始懂事
的女孩淡然地問：「腳是長不回來的吧？」回想這些孩子們與傷患
一起成長的經歷，羅尚尉依然百感交集。

羅尚尉醫生（左一）
在國內進行義務會診
與教學工作

Course Title

THE 21 LECTURES GIVEN BY
THE SILENT TEACHERS

無言老師
給我們的 21 堂解剖課

085

猶幸的是，義肢科技日漸先進，大大提升了使用者的生活品質。
現時的義肢備有人工智能，可以記錄人們的步伐，電子義肢亦帶有
動力，使步姿更為輕鬆自然。2020 年，由於新型冠狀病毒病期間
不能往返內地，羅尚尉便使用 3D 掃描打印技術，遙距為病人製作
義肢。

地震至今十多年，當時的小傷者很多已經自立成人，或是差不多升
讀大學。羅尚尉說，雖然災後社會各界展開了無數個援助項目，
但大部分項目早已完結，而羅尚尉正在參與的項目，已經是最後一
個仍在進行的復康支援項目，因此羅尚尉甚至會接收其他項目結
束後轉移過來的傷員。到底復康支援計劃還能進行多久，就要視乎
有沒有資金繼續運作。資助總有完結的一天，但傷員的人生還是要
繼續走下去，羅尚尉最希望每位傷員都能開展自己的人生，準備迎
接未知的未來。

痛的啟蒙——吳家榮醫生

1994 年的夏天，一個男孩在陽光下與哥哥追逐着，男孩搶去哥哥手中的籃球，雙腳跳起，利落地投籃。這兩兄弟愛在球場上跑來跑去，為青春揮汗如雨。二人卻沒有想過，中三暑假過後，這樣平凡的下午變得不可能。

起初，十三歲的弟弟感到左邊膝頭上的大腿有點無力，但沒有太注意。後來在美術課時，要站上椅子掛起一幅畫，他站上去時差點掉下來，開始覺得身體好像出現了問題。回家後將此事告訴母親，細想回來，不止做運動，就連走樓梯也感到乏力。母親深知事態不妙，立即把弟弟帶到屯門醫院求診。由這一天開始，男孩的步調改變了。這位當年在醫院裏茫然無措的男孩，就是今天的吳家榮醫生。

吳家榮醫生

就在吳家榮求診後，醫生立即為他安排住院，入院的日子剛好在吳家榮生日前數天，幾天下來進行了 X 光和磁力共振等檢查，如此「大陣仗」，他也感到自己並非輕症。吳家榮很記得生日的前一天，除了在上午抽組織化驗，醫生護士更特意為他安排了一個生日派對，讓他在未知疾病的陰霾中渡過生日，既難忘又溫馨。

Course Title
THE 21 LECTURES GIVEN BY
THE SILENT TEACHERS
無言老師
給我們的 21 堂解剖課

087

在十四歲生日當天,上天給了吳家榮一份黑色的「生日禮物」,
組織化驗報告出來了,醫院告訴他,左邊大腿骨有惡性腫瘤,也
就是骨癌,需要切除和化療。那時,吳家榮心想,自己是不是會
死?以後還能否走路?是不是以後也不能再做心愛的運動了?這
些問題讓他愈想愈失落。回想到徬徨的時刻,是醫護人員的陪伴
和鼓勵扶了他一把,主診醫生甚至在假日回來,陪他下棋傾談疾
病和生命的意義,在最低沉的時刻,成為了終生的啟蒙。

除了醫護人員,那時還有一位同樣經歷截肢的骨癌女生來到鼓
勵他,告訴他康復後使用義肢仍然可以活得精彩。女生只比他年
長兩三歲,他向那女生說:「你給了我很大的鼓勵,我也想像你
行得這樣好。」

接下來,吳家榮努力接受治療,手術前要進行化療控制癌細胞。
十二次化療期間,每天也嘔吐二十幾次,但即使嘔吐也仍然要進
食,因為不進食會吐得更辛苦。可惜化療過後,腫瘤並沒有
縮小,反而變得更大了。那時,
吳家榮覺得自己十分接近死
亡。幸好,後來的治療漸漸順
利,截肢手術也十分成功,只
需切除小部分大腿並連接小
腿下半部分。較理想的截肢手
術是能保留原有的兩組關節,
這樣能讓患者日後可以更自
然地控制義肢。

吳家榮出院時與醫護人員的合照

傷口復原後，吳家榮便學習使用義肢，又再進行了九次化療，在這漫漫康復路，他最大的願望是重回校園。原來在轉眼間，由發病到復康，已經差不多過了一年，整整一年無法上學的他，才感覺到上課的時光多麼珍貴。

雖然老師和父母也着他多休息，但吳家榮實在太想念學校，所以堅持開學。起初，原本只需要走數分鐘的上學路，因為身體虛弱加上適應義肢，足足需要半小時才到。但能夠回校上課，他已經感到很幸福，甚至比從前更認真學習。同時間，他亦找到人生路向——成為一位醫生，相信因着自身的經歷，能夠從病人的感受出發，為病人想多一步。

吳家榮（左二）與昔日同窗感情深厚

除了病苦，上天也會安排一些令人欣慰的緣分。事隔十多年，吳家榮再次回到屯門醫院，遇見當時的主診醫生，但不同的是，這一次他是以同事的身分前來。那位主診醫生也想不到，能與當年一起下棋的男孩共事。

吳家榮成為了骨科專科醫生，看見與他同樣患上骨癌的病人，有些病人受到他的鼓勵而振作；亦有一些因為太遲發現，癌細胞擴散而返魂乏術。他回想起自己患病之際，感激母親因為既

Course Title

THE 21 LECTURES GIVEN BY
THE SILENT TEACHERS

無言老師
給我們的 21 堂解剖課

089

有知識而及時帶他送院救治,但有很多病人因為太遲發現癌症,
繼而丟失了生命。

吳家榮反思,這樣的情況並不是個別事件,而是整個醫療系統可
以改善的地方。如果醫療系統可以協助病人早點診斷出癌症,病
人便可以及早得到治療。因此,吳家榮後來轉到醫管局的總辦事
處工作,推動各個不同的變革項目,當中包括改善癌症報告的系
統。他說,自己作為曾經的病人,深明在醫院程序中,的確有很多
地方可以改善,從而讓病人在身心都有更好的體驗。

同時,吳家榮坦言,行政工作所帶來的滿足感比前線醫生少,
從不會看見病人和家人感動的道謝,而且行政工作進度總是緩
慢得像看不見,但如果可以「醫好」一個系統,所帶來的改變
更大,重要的是能幫助到更多的病人。

第七課 鼻、呼吸道、肺

更多資訊

鳴謝：李嘉玓博士（生物醫學學院助理講師）

古語有云：「食不言，寢不語。」

吃飯時不要説話可以説是很多人家中的不明文規定或是生活習慣。此句雖然出自於孔子説明有關齊國人的祭祀儀式，好像與養生概念無關，但絕不代表沒有醫學意義！

每年都有數以百計的兒童鯁喉個案，根據明報於 2018 年的報道指出約有 80% 的鯁喉個案患者都是十歲以下的兒童。急症室醫生表示十歲以下的兒童氣管直徑僅約 1-1.5 厘米，與提子、魚蛋等食物大小相約，誤吞的話很容易完全堵塞氣管。而造成這情況是因為兒童咀嚼技巧未成熟導致氣管上方的會厭軟骨（epiglottis）沒有把氣管封閉，或一不小心把食物直接吞下而誤入氣管。

這個情況除了出現於兒童身上，有時候老人家身上也會有類似的狀況。因為會厭軟骨退化而令到老人家在吞食時食物誤墮肺部，繼而嗆到，甚至會引發肺炎。

為什麼一塊軟骨的影響可以這麼大？為什麼嗆到就會咳嗽這麼難受？這其實都與呼吸系統的結構有關！

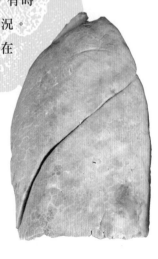

Course Title

THE 21 LECTURES GIVEN BY
THE SILENT TEACHERS

無言老師
給我們的 21 堂解剖課

091

解剖課：鼻、呼吸道、肺的結構

呼吸道是身體可直接接觸外界環境的窗口之一，是與外界環境接觸最頻繁的器官。結構上，可將呼吸道分為上、下呼吸道。上呼吸道包括鼻、咽、喉；下呼吸道則由肺部、支氣管、細支氣管與肺泡組成。鼻子由外鼻、鼻腔以及鼻竇三部分組成。外鼻由骨及軟骨為主要支架，被軟組織和皮膚覆蓋着，而外鼻下方的一對鼻孔，可讓氣體進出呼吸道，引導空氣進入鼻腔的門戶。鼻腔內的結構相當精密及複雜，主要由大大小小不同的硬骨和軟骨組成，形成不同的間隔，例如兩個鼻腔之間有一塊分隔板，稱作「鼻中隔」，將鼻腔分為左右兩邊的鼻道，而鼻腔兩邊的外側壁，有三組向內伸出的組織，分別是：上鼻甲、中鼻甲和下鼻甲。下鼻甲是當鼻孔稍為撐開，可直接容易看到的結構。各鼻甲下方的空隙稱為鼻道，即分為上、中、下鼻道，而鼻甲內側與鼻中隔之間的空隙，稱作總鼻道。鼻腔周圍有幾個被骨頭包着的空洞，稱作鼻竇。鼻竇與鼻腔相連，這兩個結構都被黏膜覆蓋着。黏膜上面有黏液及纖毛，當空氣進入鼻腔時，黏膜上的黏液及纖毛能過濾吸入的空氣，阻隔空氣中可致病的微生物等污染物，防止它們被吸進體內。黏膜內含有許多微絲血管與神經，當受到刺激時就會膨脹或縮小，並分泌鼻水。鼻腔會有這個設計，目的是將鼻子吸進來的空氣變得比較溫暖潮濕，可令空氣到達肺部時增加肺部交換氣體的效率。

很多時候，流鼻血是由於鼻黏膜過於乾燥或挖鼻孔時將鼻黏膜破壞而造成。此外，鼻子除了作為氣道入口外，也是嗅覺的感覺器，它位於鼻腔上方的鼻黏膜上。有些病人在患上流感時，他們的嗅覺會受到影響，這是因為現今很多的流行性感冒病毒，都具有造成嗅覺神經受損的能力，也就是將嗅覺感覺器破壞了。

咽喉是解剖學中咽頭（larynx）和喉頭（pharynx）的總稱，作為消化系統和呼吸系統的一部分。咽頭位於鼻腔及口腔的後方，介於鼻腔及喉頭中間。而咽頭亦可由上而下分為鼻咽、口咽及喉咽三部分。鼻咽內有耳咽的開口，與中耳相通，而口咽及喉咽兩者都是提供空氣進出氣管及食物進入食道的通道。

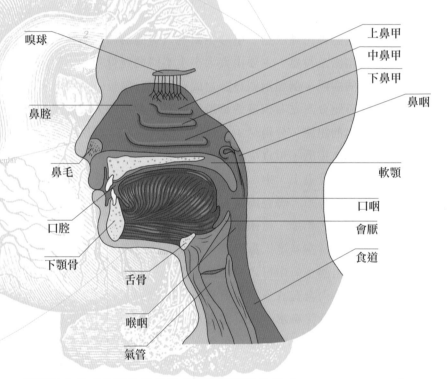

喉頭是由各式各樣的軟骨組成，包括甲狀軟骨（thyroid cartilage）、環狀軟骨（cricoid cartilage）、會厭軟骨（epiglottis）、杓狀軟骨（arytenoid）、小角軟骨（corniculate cartilages）及楔狀軟骨（cuneiform）。甲狀軟骨是構成喉頭的最大一組軟骨，保護着喉頭的前方及外側，形狀像一面盾牌。成年男子甲狀軟骨前方部分隆起，形成喉頭隆起，俗稱喉結。甲狀軟骨的下方是環狀軟骨，是喉部唯一呈完

Course Title

THE 21 LECTURES GIVEN BY
THE SILENT TEACHERS

無言老師
給我們的 21 堂解剖課

093

整環形的軟骨，它的形狀像一枚戒指般圈着呼吸道，但它的前部細窄而後部高，成方形，對於支撐呼吸道及保持其通暢特別重要。會厭軟骨由韌帶附在甲狀軟骨的背側，位於口腔內的舌根正後方，在咽喉部前方開口的喉口上。當舌頭把食物往後推，經過咽門，會使會厭軟骨蓋着喉口，避免食物進入呼吸道內。

氣管是連接喉頭的圓柱形通道，位於食道的前方。當氣管延伸到胸腔時，再分為左右主支氣管。氣管和支氣管都有「C」字形的透明軟骨做支架，在支氣管上，軟骨的開口部分朝向背部的食道，這軟骨構造使氣管壁不會因向內塌陷而阻塞氣道，同時使位於氣管後方的食道有可伸展的空間。

分為左右兩邊的主支氣管在結構上稍有不同，右邊的主支氣管相比左邊的主支氣管為短、寬並且較為垂直。所以當有異物意外地進入呼吸道時，就較容易進入右邊的主支氣管。主支氣管從肺門（hilum of the lung）進入肺部後，會逐級分支形成較細的小支氣管，繼而再分支成樹枝狀的結構，總稱為支氣管樹（bronchial tree）。在支氣管樹的末端是氣球狀的氣囊，稱為肺泡，是進行氣體交換的地方。

肺位於胸腔，分為左肺和右肺。右肺比左肺稍微大，而右肺可分成上、中、下三葉；左肺則分為上下兩葉。健康者或是幼兒的肺都呈淡淡的紅色。但解剖堂上所看到的肺，大多呈黑色或暗灰色，這是由於隨着年齡或職業不同，日常所接觸的環境中，吸入的塵埃會附着肺部，令它慢慢變為深色。這特別在長年有吸煙習慣的人身上更為顯著。

生物考古學小知識：
展現着通姦證明的盎格魯 - 撒克遜頭顱

1960 年代，在英國渥烈治（Oakridge）一個房屋工地，工人在挖掘
污水處理坑時，從泥土中發現一個頭顱骨。不過當時並沒有對此頭顱
進行任何分析和深究。直到最近，這個頭顱上的一些印記，吸引了生
物考古學家的眼球。

考古團隊以 DNA 證實頭顱骨為女性。生物考古學家根據頭骨上的
線索，推敲此為盎格魯 - 撒克遜人（Anglo-Saxon）人，因為通姦
（adultery）而遭受懲罰，這也是歷史上的首次發現。

從頭顱上看來，這名女子的鼻子及嘴唇都曾被利器所切割。其鼻子
（接近人中的位置）有被刀切割及劃過的痕迹，而從骨頭的修復情
況所見，當中並沒有任何癒合迹象，換句話說，在此事發生後的一
段短時間內，事主便已離世。人的鼻子內有兩組靜脈叢，一前一後，
前者（kiesselbach's plexus）是導致我們流鼻血的原因，透過施加
壓力即可制止；而後者（woodruff's plexus）出血則會令血液湧
進喉嚨。當時的醫術未必能夠處理此情況，使事主有機會因為嗆到
自己的血而死。盎格魯 - 撒克遜民族的確有殘害身體部位以作懲罰的
記載，例如切除雙手為奴隸強姦奴隸的懲罰；剃頭及切除尾指則是
奴隸盜竊的懲罰。而切除眼睛、鼻、耳、上唇及頭皮，均意味着事
主犯上比「盜竊」更嚴重的罪行，切除鼻子及耳朵就曾經用在通姦
的女性身上。

Course Title
THE 21 LECTURES GIVEN BY
THE SILENT TEACHERS
無言老師
給我們的 21 堂解剖課

095

法醫學小知識：水中之死與矽藻

當我們對死因存有懷疑的時候，特別是燒死或是溺斃的話，關鍵就在於死者在火燒或溺水時是否依然活着。如果還活着，有呼吸的話，煙灰或水都會進入器官；若是死後才被燒到或是被放到水中的話，氣管及肺部裏面就不會有煙灰或水的痕迹。除了檢視肺部與氣管的入水量，要評核死者是否溺斃，就要檢驗其氣管及肺部有沒有水中的浮游生物，最為廣泛的測試就是矽藻測試（diatoms）。如果死者在入水時還有呼吸的話，除了肺部會驗到有矽藻的出現外，由於這些矽藻會從肺部進入血液，游走到腎臟、肝臟甚至骨髓，所以進行全身血液檢驗亦會得知有沒有矽藻成分，繼而確認死因。基本上，只要從骨髓或是從不同器官裏面檢驗到有矽藻的痕迹就已經可以斷定死者是溺斃的。

仍然呼吸的一秒 —— 馮泰恒醫生

在人體內，其中一個在短時間內決定生死的器官就是呼吸系統，五分鐘的窒息便可以讓一個人死亡。作為耳鼻喉外科專科醫生，一個判斷，一分鐘的猶豫，足以決定一條人命的去留。馮泰恒醫生也曾經歷過生死關頭，大難不死，更覺生命可貴。他形容自己是一個「簡單的醫生」，行醫十八年，仍然堅持在任何極端情況下，一切以人命為先。

2003 年，馮泰恒在威爾斯親王醫院接受培訓時，不幸成為「8A 病房」中首批感染沙士的醫護人員，也是全港第一個受感染的人士。當年他是醫學院五年級生，正準備畢業試的一個晚上突然發燒不斷，每隔十分鐘便打一個冷震。回到醫院一照，發現自己的肺片有一個陰影，後來更開始呼吸困難，每吸一口氣也感到揪痛，他意識到自己正在一場生關死劫之中。

馮泰恒醫生

得知有醫科生受感染，醫院裏的醫生和教授都十分緊張，馮泰恒記得自己當時受到醫護人員很好的照顧。雖然他是全港第一個沙士康復者，但住院時間亦長達三個星期。馮泰恒在同一間病房，突然由醫者角色變成病人，易地而處，讓他更能體會到病人的感受。經歷過命懸一線，使馮泰恒在日後行醫時，往往能明白病人的心情。

Course Title

THE 21 LECTURES GIVEN BY
THE SILENT TEACHERS

無言老師
給我們的 21 堂解剖課

097

沙士一疫讓馮泰恒十分難忘，畢業後他回到醫生的角色，把病人的性命在一呼一吸之間搶救回來。馮泰恒説，因為經歷過生死，他對人命有着一份不可言狀的執著。

實習時期，馮泰恒遇上一位因吃鳳爪而哽到的婆婆，送到醫院時已經開始窒息。異物卡在喉嚨會使喉嚨發炎腫脹，導致病人無法呼吸。當時醫生們嘗試不同的方法讓婆婆回復呼吸。馮泰恒突然想到一個傳統的急性手術——用手術刀切開病人的喉嚨，直接插入喉管提供氧氣。但是由於這個傳統方法有創傷性，在一般可行的情況下醫生也會先嘗試其他方式。然而，在猶豫的時間中，病人的生命亦同時在倒數。馮泰恒最後決定打開病人喉嚨，但已經慢了一步，婆婆返魂乏術。當天，他就這樣在醫院裏痛哭着，即使時隔多年，至今仍未能釋懷。這個生命的教訓，讓他以後也不要錯過病人仍然呼吸的每一秒。

耳鼻喉外科專科團隊

咽喉疾病生死攸關，但有時病人卻不了解自己的處境，因此馮泰恒面對病人，有時會比較心急，甚至顯得強硬。大約十年前，他在公立醫院耳鼻喉科工作，一個本身患有扁桃腺腫瘤的年輕男病人，因為喉部流血到醫院求診，到醫院後停止流血，他便堅持不肯住院。那時馮泰恒堅決地告訴他：「一定要住院，否則你會死。」那時病

人聽了覺得被冒犯，但最終還是留院。馮泰恒下班後不久便收到醫院的電話，說病人突然噴血，當時馮泰恒剛好在街市，手中還提着一尾魚，但二話不說便立即返回座駕，極速趕回醫院。

回到醫院時，病人已是滿口鮮血，阻礙呼吸，如果鮮血進入肺部，會引發肺炎。病人漸漸失去知覺，這次馮泰恒不再遲疑，立即決定做那個「十年難得一見」的急性手術，在病牀旁邊一刀插下去，把氣管打開放入喉管，讓病人重新呼吸。呼吸雖然穩定下來，但仍未止血，馮泰恒找到出血的血管，發現該組織因為曾接受放射性治療，導致血管變硬而無法收口，因此很難止血。馮泰恒只好用鉗把出血的血管先鉗住，並把病人推到 X 光部手術室。就這樣，一直在病人喉嚨內鉗了兩個小時，最後 X 光部的醫生成功找到血管的另一端，以倒塞的方法成功止血。馮泰恒形容那時「病人插着喉，麻醉着，喉嚨內有個鉗，就這樣一路推他去 X 光部」，這種場面相信在醫院內還是第一次發生。然而，要不是這些「危急驚險」的治療，病人可能早就救不回來了。那位病人很感激馮泰恒當時如此強硬地讓他留院，還有如此努力地救他。可是，一些在危急關頭下的醫療方法，有時或會挑戰了公立醫院的既定模式和程序步驟。馮泰恒希望能更純粹地醫治病人，於是便開始私人執業。

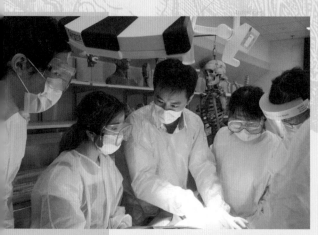

2020 年在疫情稍為緩和期間馮泰恒仍不忘解剖教學

Course Title

THE 21 LECTURES GIVEN BY
THE SILENT TEACHERS

無言老師
給我們的 21 堂解剖課

099

私人執業後，手術在私家醫院進行，自由度相對較大，但馮泰恒的傳奇事件仍然不少——跳出常規，只為救人。在這次新型冠狀病毒肺炎疫情爆發期間，一位四歲小妹妹由於先天性罕見結構問題，引致扁桃腺出現一個膿瘡，需要進行數次手術才能根治，期間小妹妹的頸部突然腫脹，然而父母都不在香港。馮泰恒建議小妹妹立即進行手術，手術那天，匆匆趕回來的爸爸仍在隔離，小妹妹早上六點由工人姐姐帶到醫院。到醫院時，才得知在私家醫院內做手術要先付訂金，然而工人姐姐的附屬卡信用額不夠；爸爸又因隔離關係不能立即到場付款。當刻，馮泰恒不想小妹妹擔誤手術時間，居然掏出自己的信用卡付訂，然後立即開始手術。醫生為病人付費來開始手術，相信真是世間少見。

馮泰恒就是一個這樣簡單的醫生，為了救人，可以把醫院所有的門都打開。放開與執著，在於一念之間，醫生一秒的執著，有時便能救回一個人。相信那些因為馮泰恒的執著而仍在呼吸的人，會被他的熱誠感動，對生命亦會有一層更深的體會。

第八課 心臟

更多資訊

鳴謝：林思盈博士（生物醫學學院講師）

「名字被寫進這本筆記本的人就會死。」

這句台詞出自由日本漫畫家小畑健與劇作家大場鶇聯手創作的懸疑推理漫畫神作《死亡筆記》。故事講述十七歲高中生夜神月偶然獲得了來自死神的筆記本，自此擁有了超自然的「生死判官」能力。在心智尚未完全成熟、恃才傲物的心態下藉着這本筆記本狂妄地宣稱自己是「新世界的神 Kira」，由此展開了一系列「淨化世界」制裁犯罪者的行動。

《死亡筆記》的操作很簡單，只需要將某人的全名寫在筆記本的空白頁上，寫時腦中牢牢記住對方的長相，在四十秒鐘之內繼續寫上死因的話，該人就會死於這個原因。沒有寫上死因的人，將一律死於心臟麻痺。

究竟什麼是心臟麻痺呢？

解剖課：心臟

心臟是一個由心肌組成的器官，位於胸部略微左側之處，於兩肺之間。心臟的體積約為一個拳頭般大小，重量約 250-300 克。由於它的功能非常重要，所以由肋骨保護，

Course Title

THE 21 LECTURES GIVEN BY
THE SILENT TEACHERS

無言老師
給我們的 21 堂解剖課

101

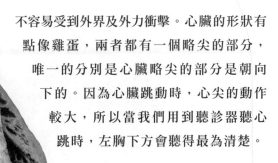

不容易受到外界及外力衝擊。心臟的形狀有
點像雞蛋,兩者都有一個略尖的部分,
唯一的分別是心臟略尖的部分是朝向
下的。因為心臟跳動時,心尖的動作
較大,所以當我們用到聽診器聽心
跳時,左胸下方會聽得最為清楚。

體循環及肺循環示意圖

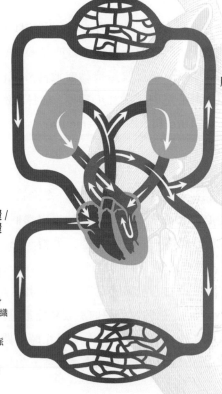

肺循環
右心室
↓
肺動脈
↓
肺靜脈
↓
左心房

大循環 /
體循環
左心室
↓
主動脈
↓
上下半身
內臟及組織
↓
上下靜脈
↓
右心房

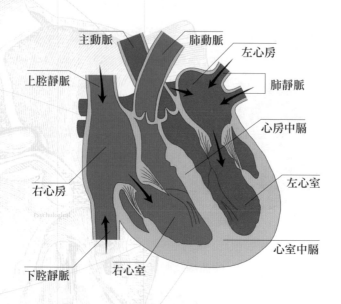

主動脈　肺動脈　左心房

上腔靜脈　　　　　　　　　　　肺靜脈

心房中膈

右心房　　　　　　　　　　　左心室

下腔靜脈　右心室　　　　心室中膈

心臟有四個腔室，兩個位於上方的叫心房（atrium）。血液回到心臟時會從心房進入。另外兩個位於下方的是心室（ventricle），負責將血液送出心臟部分，可以說是推動血液向外流的動力泵，因需要較大的收縮力，故心室的室壁比心房厚。左右兩邊的腔室由中膈（interatrial　septum 和 interventricular　septum）分開，防止血液左右來回流動。

心臟靠着這四個腔室和中間的瓣膜作用，令血液永遠單向流動，不會逆流。各邊心房和心室中間及心室的出口都個別有瓣膜：心房和心室之間的是房室瓣——左邊的是二尖瓣（bicuspid valve 或 mitral valve），右邊的是三尖瓣（tricuspid valve）；而左心室與主動脈連接的出口、和右心室與肺動脈連接的出口各有一個半月瓣（semilunar valve）。這四個瓣膜的主要功能都是為了防止血液倒流，讓血液有效地送往身體各處。成人於靜止時心跳為每分鐘六十至八十次，而一天內約有十萬次心跳。當然，如果進行運動或壓

Course Title

THE 21 LECTURES GIVEN BY
THE SILENT TEACHERS

無言老師
給我們的 21 堂解剖課

103

力導致心跳加快，次數就會變多。心臟每天無間斷的工作，因此
需要大量能量和氧氣。為心臟供應氧氣和營養的血液並非大量流
經其內部的血液，而是從特別通道中攝取，這條特別通道是從主
動脈根部向左右伸出的兩條細血管，稱為冠狀動脈（coronary
artery）。當然，冠狀動脈有很多分枝散佈在左右心房和心室。另
一方面，亦有專門的回收通道──冠狀靜脈，介於左心房與左心室
之間，收集二氧化碳及代謝廢物的血液運送回右心房。因此，如
果冠狀動脈阻塞，血液未能運送氧氣及營養到心肌的話，該部分
就會出現組織壞死，心臟就無法正常運作，這就形成了心肌梗塞
（myocardial infarction），由於心肌本身無法再生，壞死的部
分會失去收縮功能，後果可以非常嚴重。加上冠狀動脈沒有橫向
的分支讓血液走別的迂迴路，換句話說，只要一個地方阻塞就會
致命。

心臟必須要有規律地跳動。如果四個腔室全部同時間收縮或是
出現心跳紊亂，血液就不能順利送出。心臟的收縮周期由左右
心房收縮開始，將血液送到心室，心室接收心房送來的血液後，
心房的房室瓣就會關閉，形成第一下心跳聲。擴張的心室就會收
縮並將血液泵到全身後，心室出口的半月瓣閉合，形成了第二下的
心跳聲，同時間心房亦會再次擴張，為下一個收縮做準備。

心血管系統中有三種主要類型的血管──動脈、靜脈及毛細血管。
從心臟送出血液的叫做「動脈」（artery）而把血液帶回心臟方
向的叫做「靜脈」（vein）。毛細血管則負責與組織細胞交換氣
體、營養及代謝廢物。這三種血管在身體內組成兩組循環路徑，
而各循環的動靜脈帶血情況有些許分別。全身的血液循環在心
臟交錯成 8 字，一條以心臟為起點，將含氧血帶到全身再回心

臟稱之為大循環（systematic circulation）。在大循環的動脈輸送的都是含氧量豐富的血液，而靜脈所輸送的都是含氧量低的靜脈血。而另外一條循環路徑是將全身含氧量較少的血液帶到肺部進行空氣交換，讓血重新從注入氧氣，此路徑為肺循環（pulmonary circulation）。於肺循環的肺動脈運送的是含氧較少的血液，而肺靜脈所運送的則是含氧量較多的血液，這是和大循環的情況完全相反！從血液顏色我們可以判斷出血或是受傷的血管類別，含氧量豐富的血液（oxygenated blood）與含氧量低的血液（deoxygenated blood）顏色上完全不一樣！前者是鮮紅色，而後者則是暗紅色。因此我們在做抽血檢查時，所抽出的血是暗紅色，因為血液一般是從大循環的靜脈所抽取的。如果在事故現場看到鮮紅色血液流出的話，就可以判斷是大循環的動脈出血。

法醫學小知識：心臟麻痺

在《死亡筆記》裏面經常會聽到「心臟麻痺」這個死因是預設的死亡狀況，而動畫中的呈現是有點像心臟病，那現實中又是怎樣一回事？

從法醫學角度看來，心臟麻痺並不是真正死因，反而造成死亡的情況例如：癌症、溺水、大量出血、腦出血、心肌梗塞等才是真正的死因。心臟麻痺亦不是一個正式的名稱，這只是單純用作形容及描述心臟停止跳動的狀態。其實每個人死亡的時候心臟都一定會停止的啊！導致這情況發生可能是因為心律不正而令心跳出現不正常的增速或減速，使血液輸出不夠，導致因為血流量不足繼而死亡。這種情況可以是突發性也可以是因為長期的壓力或疾病所影響，所以當心口突然出現異常狀況必須要多加注意！

Course Title
THE 21 LECTURES GIVEN BY
THE SILENT TEACHERS
無言老師
給我們的 21 堂解剖課

105

醫學小知識：「我的心碎了⋯⋯」

大眾對於心碎的概念是形容人內心痛得像心臟碎掉了一樣。
其實心碎不僅存於電影、小說、歌詞的情節，更不只限是
心情的形容詞。

在真實世界裏，人真的會心碎。

「心碎症候群」（Broken heart syndrome），代表因為突發事件的壓
力引發心臟問題，令到部分心臟形態突然脹大但變弱，繼而無法好好
推動血液，而沒受影響的部分又更大力地擠壓，於是左心室就會呈現
一個像以前日本用來捉章魚的陶罐般形狀，因此醫學界亦將此症狀命
名為「章魚罐心肌病變（Takotsubo cardiomyopathy）」。這個疾病
並不罕見，而且常見於更年期後的婦女身上。

心碎症候群並不限於發生在悲傷的時候，外來太興奮的刺激也能導
致這情況，只要是情緒上受到衝擊就會有機會形成。亦因此，不要以
為心碎症候群病發的人必定看上去蓬頭垢面、「三魂唔見七魄」、淚
流滿面，反而應該是表現得像心肌梗塞、心臟病發的樣子：突然喘
不過氣、強烈胸痛等，但要切記心碎症候群的患者血管並不是被血塊
卡住，反而只是表現有胸痛。

白袍與畫布——黃鴻亮醫生

大概世間的一切到了極致，就是藝術和哲學。黃鴻亮醫生以畫筆和手術刀，在兩者之間，走到了明澈的境界。

黃鴻亮是心胸外科組名譽臨牀副教授，但當初想當醫生的，並不是他，而是他的父親。黃鴻亮在青衣長亨邨長大，出身草根，父母沒能給他太多栽培，小時候學了數個月素描和油畫，自此與畫筆結緣。他尤其喜歡漫畫，因為在漫畫世界裏，一枝畫筆便能建構整個宇宙。黃鴻亮就此一直沉醉於繪畫之中，對未來沒有太大的藍圖，他說，進入醫學院，只是「陰差陽錯」。

喜歡教學的黃鴻亮，原本打算修讀英文教育，但父親更希望他選擇醫科。原來黃父求學時曾與醫學院擦身而過，成為半生的遺憾：由於祖父早逝，黃父要負起養家的責任，即使原本有機會入讀醫學院，也要放棄學業，投身社會，後來自學成為一位出色的工程師。大概美學天份也遺傳在血液裏，黃父也會做手工金飾，黃鴻亮形容父親為「無師自通的藝術家」，常常以巧手做出美麗的飾品，讓人稱奇。

於是，黃鴻亮便承父訓選擇了醫科。在各個科目中，他對解剖科特別有興趣。繪畫與解剖，其實也深有淵源，在中世紀文藝復興時期，畫家們為了更清楚人體的構造，會去向先人學習，從而使畫作能更精準地呈現人體。黃鴻亮喜歡畫人，解剖時總會把人體圖像化，以美學的眼光在當中找尋藝術性。順理成章地，他選擇了具畫面的外科，成為一名外科醫生。

Course Title
THE 21 LECTURES GIVEN BY
THE SILENT TEACHERS
無言老師
給我們的 21 堂解剖課

107

與心臟科結緣，同樣是另一場陰差陽錯。

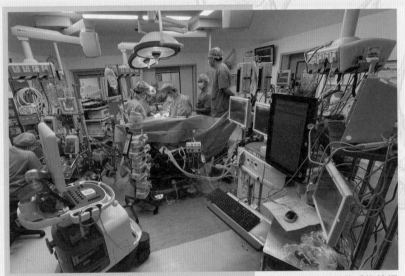

心胸肺外科專科的手術情況

在醫學路途上，嚴秉泉教授是黃鴻亮第二位要鳴謝的人。嚴教授是
亞洲首屈一指的微創權威，也出名嚴格，讓實習醫生聞風喪膽，
但黃鴻亮對嚴教授只有敬重，並更專注地學習。畢業後的某一天，
黃鴻亮竟然收到嚴教授親自打來的電話，邀請他加入其心胸外科
團隊，「這通電話，改寫了我的一生！」能被自己十分敬重的教授注
意到，對當時還是新鮮人的黃鴻亮而言相當鼓舞。他當然是接受了
這個挑戰，經過重重的磨練，成為一個心臟專科醫生。恰巧嚴教授
也同為藝術家，他們更與其他醫生一起舉辦畫展，師徒間在醫學和
藝術之路互相輝映。

而黃鴻亮第一位要感謝的人，當然是他的父親了。原來黃父對黃鴻

亮的影響，遠不止於鼓勵他念醫科。除了遺傳自父親的一雙巧手，更重要的是在成長期間，黃父常常與他分享一些工程難題──原來黃父很喜歡解決一些同行寧願逃避的難題，並在解難的過程中與黃鴻亮一起討論研究。黃父對於解難的興趣和態度，深深影響着黃鴻亮日後看待事情的角度。

長大後，在黃鴻亮的醫學路上，也碰上了一項久久未被解決的外科難題。黃醫生最擅長主動脈手術，但當時「主動脈剝離」的治療手術死亡率高達 30%，即使手術成功，仍要面對中風、出血過多或多個器官衰竭等併發症。在 2009 年前，由於醫學技術限制，病人在手術台上喪命也是非戰之罪，但這道障礙成為了黃鴻亮事業上的瓶頸，甚至因為一時間未能超越限制而失去自信。這是全香港也需要的醫療突破，黃鴻亮決定親自找出答案，於是展開了大型研究。

挑戰前人解決不了的問題，開展這個「不太可能的」大型任務，在成果未明朗前，黃鴻亮所肩負的重任可想而知。陪伴他突破瓶頸的，是一幅油畫。畫作總是反映着作畫者的心境，在繪畫路上，他開始臨摹一幅十分巨大，難度十分高的油畫──約翰·康斯特勃（John Constable）的《乾草車》（*The Hay Wain*）。

這幅畫足足畫了四年，原來的巨大畫布還是空白一片，這些空白陪伴黃鴻亮整理他的思緒和心情。對於觀畫者而言，所看到的畫作都是完成後的模樣。但對於作畫者，最熟悉的

黃鴻亮以四年時間臨摹的巨大油畫

Course Title

THE 21 LECTURES GIVEN BY
THE SILENT TEACHERS

無言老師
給我們的 21 堂解剖課

109

卻是原本的白色畫布，在繪畫的過程中，看着空白的地方，領略如何
建構畫的佈局與細節。

恩師嚴秉泉到訪
黃鴻亮的畫展

解決一個外科難題亦如是，黃鴻亮到世界各地觀察不同地方進行主動脈手術時的可取之處，再將各個要點整合微調，主動脈手術牽涉到腦部供血和體內血液循環系統，複雜程度亦是非比尋常。最終團隊研究出運用順行腦灌注（ACP）技術，在幾年間逐步提升手術成效，讓死亡風險在近年降至低於 5%，同時減低病人中風風險。當然，醫生也不忘將手術的過程繪畫出來，讓同業能更易領略。黃鴻亮説：「再完美的手術，只有一個人會做是沒有意義的，要整個行業一起進步，才能真正助人。」

經過困難與迷惘，原本一塊白茫茫的布，如今已成為完整的風景。「即使是最難畫的畫，也可以拆細逐一完成，畫成的更是一份平靜的心境，而筆桿靠着的手，在不知不覺間，會變得更強。」黃鴻亮説。

不論是手術還是畫作，讓我們期待黃醫生的下一項作品。

CLASS 02.5
循環系統
LESSON

9 淋巴/
脾臟

第九課 # 淋巴系統、脾臟

更多資訊

鳴謝：林思盈博士（生物醫學學院講師）

辛勞工作過後覺得全身酸痛及疲憊，很多人會選擇按摩舒壓。過去幾年，市面上大行其道、各式各樣的淋巴推拿及按摩都堅稱能夠排毒，將對人體有害的物質、毒素，甚至會致癌的雜質都透過按摩排出體外，還能減重。雖然按摩之後真的很舒服，但是否真的做到坊間所說能夠排毒的效果？目前為止，其實醫學上沒有足夠證據證實淋巴按摩有相關功效，但為什麼在按摩之後有些人覺得自己瘦了、輕了？

為解開這個迷思，我們要先了解什麼是淋巴系統及它在我們體內有什麼功用。

解剖課：淋巴系統、脾臟

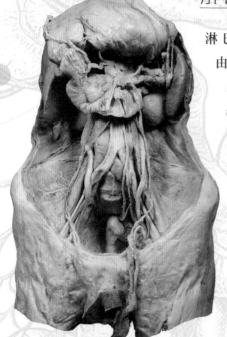

淋巴系統（lymphatic system）主要由免疫細胞、淋巴組織及淋巴器官所組成，對人體免疫系統（immune system）有着至關重要的作用，亦是運送體內組織液的渠道。淋巴液（lymph）在淋巴管道內流動，連接着淋巴器官。淋巴器官包括扁桃腺（tonsils）、胸腺（thymus）、脾臟（spleen）及散佈全身各處的淋巴結（lymph nodes）。

Course Title

THE 21 LECTURES GIVEN BY
THE SILENT TEACHERS

無言老師
給我們的 21 堂解剖課

111

淋巴系統協助組織液的循環，對於維持體內平衡（homeostasis）
十分重要。

淋巴系統的三大功能：

1. 運送及回收組織液：器官內過剩
   的組織液經由淋巴管道收集，形
   成淋巴液，送回心血管系統中的
   靜脈系統。

2. 後天免疫：身體如受到細菌病毒
   的入侵，這些外來物很多時都會
   先進入淋巴系統。淋巴液就會將
   這些病毒、細菌等有害物質帶到
   附近的淋巴器官（例如：淋巴
   結），將它們瓦解消滅，維持體
   內平衡狀態。

3. 吸收脂肪：由於脂肪和脂溶性物
   質（例如：維生素）不能直接被
   毛細血管吸收，這些營養經由腸
   道黏膜的小淋巴管道吸收，成為
   乳糜，並送到血液。

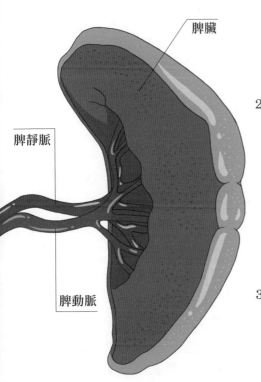

脾臟

脾靜脈

脾動脈

淋巴系統含有不同的免疫細胞，對人體免疫及防衛有着各種功
能，其中主要包括：

淋巴細胞（lymphocyte）：包括經常聽到的 T- 細胞及 B- 細胞，它們是極度重要的免疫細胞，在成熟後成為免疫反應（immune response）中重要的一環。

吞噬細胞（phagocyte）：對外來物質有強烈的吞噬作用，這種防衛功能就如同過濾器般將外來異物清除。

漿細胞（plasma cell）：產生抗病毒的抗體。

淋巴組織屬於散佈性，因此被稱為散佈性淋巴組織（diffuse lymphoid tissue）。它們沒有固定形態，由網狀細胞及纖維組成，承載着淋巴細胞，與周邊組織並沒有明顯分界。它們主要分佈在呼吸道、消化道及生殖泌尿系統。當這些散佈性淋巴組織受攻擊時，就會形成淋巴小結（lymphatic nodule），亦稱為淋巴濾泡（lymphatic follicle）。

淋巴器官則是由淋巴組織所構成的器官，以囊膜將聚集的淋巴組織包裹着，在體內肩負起免疫防衛的功能，所以亦被稱為免疫器官。它們更可以被細分為初級淋巴器官（primary lymphoid organ）及次級淋巴器官（secondary lymphoid organ）。淋巴結及脾臟都屬於

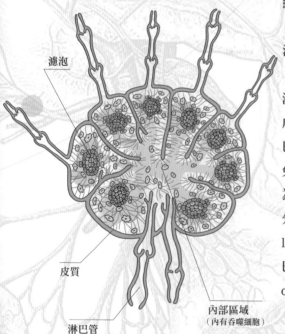

濾泡

皮質

淋巴管

內部區域
（內有吞噬細胞）

Course Title

THE 21 LECTURES GIVEN BY
THE SILENT TEACHERS

無言老師
給我們的 21 堂解剖課

113

次級淋巴器官，於胚胎發育較晚時期出現的。

淋巴結是在淋巴管上略為膨大的部分，如豆子般大小，約有 1-25 毫米大，裏面有着很多不同的免疫細胞。淋巴結和免疫細胞的角色就如哨兵站和哨兵一樣，將運送中的淋巴液內有害物質或異物加以過濾消滅。淋巴結普遍在身體各個地方，特別集中在頸部大血管周圍、腋窩、胸腔、腹腔等。它位於淋巴管之間，所有的淋巴液在被送回到血流之前，都會經過最少一個淋巴結，以減少身體接觸異物的機率。

另一個很少人提及卻很重要的淋巴器官是脾臟。它雖然不像肝、腎這麼為人所知，但其實它是身體內最大的淋巴器官，就如一個大型的過濾器。脾臟位於左上腹的後側，隱藏在肋骨內側，所以從身體表面無法觸摸。脾臟有着大量血液流經，所以顏色呈暗紅色，它可以分解舊的紅血球、儲存血液，並會在身體需要血液時，無私地將自己的血液送出。脾臟有大量淋巴細胞，會大量製造攻擊病毒的抗體，吞噬入侵的敵人。雖然脾臟的功用很重要，但很多時候在治療血液病時會被摘除。就如扁桃腺一樣，就算沒有它我們也能生存，但對免疫系統有所影響。

健康生活小知識：淋巴按摩的迷思

淋巴排毒按摩其實是以按摩方式去刺激淋巴液流動。這種按摩最初在 1930 年發明，與其他按摩方式相比，淋巴排毒按摩不需要使用太多壓力也能收到效果。每次按摩需時約四十到六十分鐘，由頸部、軀幹部分一直伸延至四肢。透過按摩皮膚製造不同壓力，協助淋巴液內的

代謝廢物引流回心血管系統，最後透過尿液排出體外。因為淋巴管多半都相當接近表皮，只需要少許力道就能做到引流的效果。的確，淋巴液在淋巴結及淋巴管裏面累積會引起腫脹，而這種有節奏感的按摩就能模仿淋巴管及淋巴結附近的肌肉收縮，從而帶走積聚的淋巴液。

雖說淋巴細胞在我們的免疫系統中擔當着很重要的角色，但代謝及處理有毒物質這些職責都是由肝臟負責。換句話說，單純增加淋巴液流動是不能改善及協助處理有毒的代謝廢物。

除此之外，另一個的大眾迷思是透過淋巴按摩是否能夠重新調整已經堵塞的淋巴系統，令到淋巴管更有效將淋巴液運送。但實情是，在一般情況下，淋巴管不會「淤塞」，因此不需要特別按摩去令它再次暢通。

大眾亦相信淋巴按摩能夠有效協助減重。儘管按摩能夠減低組織液的積聚，令按摩後四肢看上去比按摩之前幼細，但體重其實沒有變化。然而，有研究顯示，淋巴排毒按摩對於減低皮層下脂肪積聚、「橙皮紋」的出現有着一定效用，但背後的實質操作及原因依然未明。

千萬不要以為淋巴按摩沒有它的實質價值啊！在臨牀醫學中，淋巴按摩在一些職業運動員的按摩治療中佔有一席位。淋巴按摩在運動員身上針對淋巴水腫（lymphedema）尤其有效，能減輕受傷或是有腫脹的部分。主要協助額外的淋巴液離開組織並且返回淋巴管道裏面，能夠有效減輕受傷或是有腫脹的部分。

Course Title

THE 21 LECTURES GIVEN BY
THE SILENT TEACHERS

無言老師
給我們的 21 堂解剖課

115

法醫學小知識：脾臟爆裂致死

經常在電視劇及電影中看到兩人打架，其中一人左側腹部被踢到重傷，當下雖然沒有死亡，但那人在鏡頭下不久後就會離世。很多觀眾都認為劇情誇大了，但事實也是這樣嗎？

呈紅色的脾臟裏面有製造血液的部分，藏有眾多血管，負責處理紅血球。所以當事主因為打架、車禍、摔倒造成脾臟爆裂或受傷時，就會造成內出血，或許當下未必有嚴重外傷，但其實已經身負重傷。

醫學大同──黃韻婷醫師

提及中醫和西醫，可能會聽過這些故事：病人不敢告訴醫生自己在喝中藥，總怕醫生會對他眉頭一皺；與中醫師避談西醫，因為醫師會說西藥很燥，頭痛醫頭腳痛醫腳云云。

自香港開埠以來，西醫取代了傳統醫學成為主流治療方式，當時的殖民地管治者相信西醫才是科學，更因為不甚了解而以為中醫只是神化的仙丹妙藥，形成社會文化對中醫有所偏見。面對這麼大的挑釁，中醫師們當然悍然反擊，力陳西醫之不足，以致中西醫一直給人「勢不兩立」的印象。然而，隨着時代發展，中西醫學同樣在進步。

近數十年，中醫研究開始科學化，亦正式納為本地大學學位課程。過去的中藥品質不一，以致藥效參差，而現時的中藥已經有一套確保品質的標準。如今中醫臨牀研究發展成熟，接下來的挑戰，是如何讓中西醫合作並行，為病人帶來最大的裨益。

黃韻婷醫師

Course Title

THE 21 LECTURES GIVEN BY
THE SILENT TEACHERS

無言老師
給我們的 21 堂解剖課

117

黃韻婷醫師為中文大學中醫學院助理教授，同時亦在香港中西醫結合醫學研究所進行研究工作。她解釋，要知道中西醫如何「結合」，首先要明白中西醫各自對人體的理解。中西醫是以兩套完全不同的思維去理解人體：中醫相信天人合一，認為五臟六腑與身體器官和四肢、配合天地節氣互為影響，以一整體來看待；而西醫則傾向將不同身體部分作為醫治對象，並系統化地分為不同專科。

提及中醫，我們常常聽見一句：「你信不信中醫？」皆因這些抽象的概念，在過往沒有現代科學證據下，似乎只能「講個信字」。隨着時代改變，中藥不再只是在古醫書上的經句，而是得到大數據支持的科學，不再講信與不信，而是有臨牀證據支持。同時，大數據亦幫助西醫了解中藥的作用和影響；中醫不再只是「望聞問切」，現在更會看血液和化驗報告。當科學成為兩者溝通的語言，中西醫結合不再是抽象的想法。

黃韻婷醫師的中西醫結合研究主要針對癌症治療，以現時的醫學水平，癌症治療對病人身體帶來很大負擔，而中醫卻可以補救這個限制，為病人提供更全面的照料。

陳炳忠教授中醫腫瘤學傳承
工作室弟子團隊合照
(左起：黃韻婷醫師、陳炳忠教授、
曾曉玲醫師)

黃醫師跟我們分享一個病例，七十多歲的曾婆婆 2016 年患有子宮平滑肌肉瘤，經歷手術、標靶治療、放射治療和化療，2018 年 3 月復發，在肺、肝、胰腺及腦擴散，身體異常虛弱。2018 年黃韻婷第一次見病人時已奄奄一息，服完三劑中藥更被告知入急診的消息。後來西醫通知乃胰頭轉移壓住胃壁引致胃出血。西醫搶救後叮嚀情況與中藥無關。病人繼續回到中西醫結合醫務中心，續服中藥。西醫見病人身體少許康復，建議續用化療，可惜因手部皮膚和肌肉由化療針口引起嚴重潰瘍，加上化療使身體骨髓抑壓不能成功造血，手部潰瘍也無法復原。西醫原本建議進行手術，在大腿移植健康皮膚到手部，阻止傷口進一步潰瘍。等待手術期間，唯有只服用中藥調護。經過九個月的調護，傷口復原良好，曾婆婆也不需再手術。

中西醫對於皮膚和肌肉的理解很不同，在西醫來說，皮膚就是身體表層的軟組織；而在中醫理論中，則認為皮膚與脾胃（vs 西醫整個消化道）息息相關，中醫認為脾主運化及肌肉。肌肉及四肢運動與脾臟有關，當「脾氣健運」，氣血便會得到滋養，使肌肉及四肢健康強壯。另外五行土生金，則可補脾使肺氣充將「衛氣」發在皮膚上，使身體能抵禦外邪。

香港中文大學中西醫結合醫學研究所癌症專業團隊
（左起：歐國賢博士、程劍華教授、黃韻婷醫師、連煒鈴博士）

Course Title

THE 21 LECTURES GIVEN BY
THE SILENT TEACHERS

無言老師
給我們的 21 堂解剖課

119

黃醫師便應用中醫原理,以中藥為這位病人補脾補肺,結果病人的皮膚和肌肉重新生長至癒合,既不需動手術,亦大大減輕痛楚,讓婆婆和家人也十分開心,成效令人鼓舞。

有時醫療的成效不能單憑腫瘤增大或縮小去衡量,病人的生活質素與心情更為重要,積極的治療必定等如最好的治療,壽命長短和病人的生活質素應當需要同樣重視。在純中醫治療下,婆婆多活了兩年才去世,餘下的生活亦在家人的陪伴下過得很開心,黃醫師認為絕對不能忽視病人在最後日子的生活質素。

多個臨牀例子都能證明中西醫皆對病人有幫助,亦有不少病例發現使用針灸、中藥等中醫療法,讓病人活得比西醫估計的預期壽命還要更長。雖然中西醫也有作用,但在「各有各醫」的情況下,卻可能為病人帶來危險,某些中藥例如人參,會減低化療的成效,變相對病人亦沒有益處。黃醫師説:「中西醫同樣是想幫助病人,最好的方法,就是中西醫互相溝通,才能發揮最大效用。」現在,大部分病人往往是在西醫治療過後的紓緩期才讓中醫幫助,但在最後的日子,中醫的幫助亦無法發揮太大效用。然而,愈早加入中醫,對病人的生存率和效果亦愈大。

不止是中醫,世上不同的傳統療法亦漸漸得到重視,不同的療法能流傳千年至今天,自有它們的優點,只有分享醫學成果,才能為人們提供最好的幫助。黃醫師希望,中西醫結合治療在日後能更趨成熟,找到共同的道路並行,給病人全面的照料。

120

CLASS 02.6
消化系統
LESSON

10 口腔 /
食道 / 胃

第十課 口腔、食道、胃

更多資訊

鳴謝：鄧美娟博士（生物醫學學院講師）

事業初有所成的安怡剛剛邁入三十大關，她在肯搏肯捱的數年間已經晉升為部門經理。可是升職後工作更為繁重，令她經常廢寢忘餐，身體亦開始發出警號。約數個月後，她開始經常感到胃痛，並且沒有任何胃口。她覺得應該是因為食無定時而導致，所以吃過簡單的胃部成藥後便沒有多加理會。情況最初有好轉，但不出幾天又重蹈覆轍，而且病情好像惡化了。最後由於實在太難忍受，安怡終於按捺不住前往求醫。

醫生為安怡進行內窺鏡檢查，發現她的胃部黏膜發炎情況很嚴重，確診患上胃炎。但真兇到底是什麼呢？醫生進一步為她做檢查，最後透過呼氣測試，發現原來是幽門螺旋菌作怪！

幽門螺旋菌是經常聽到的一種細菌，但到底是何方神聖？它又在影響我們的哪個身體部分呢？這些細菌可以進入你的身體並生活在你的消化道中，尤其是胃部。多年後，它們會損害胃壁或小腸上部引起內臟壁出現傷口和出血，稱為潰瘍。對某些人來說，受感染下可能會導致胃癌。就讓我們從解剖層面了解一下上消化系統及胃部的結構吧！

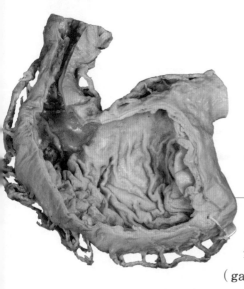

Course Title

THE 21 LECTURES GIVEN BY
THE SILENT TEACHERS

無言老師
給我們的 21 堂解剖課

121

解剖課：
上消化系統
（口腔、咽喉、食道、胃）

消化系統讓人體從食物中攝取養分和能量，它也可以被稱為胃腸管（gastrointestinal tract，GI tract），是一條長約九米，由口腔伸延到肛門的連續肌肉管道，整個消化過程約需要超過三十小時之久。

上消化道通常包括：口腔、食道、胃，最後是小腸的第一部分——十二指腸。上消化系統的開端是我們的口腔。口腔裏面的牙齒負責將食物咬碎，舌頭負責移動食物、感覺味道、還有吞嚥過程。徹底咀嚼食物會促進唾液的產生。唾液具有多種功能，包括含有消化酵素協助消化和清潔口腔。牙齒咬食食物對健康非常有幫助，這個動作對腦的活化有效，亦能將食物弄碎增加表面面積，在舌頭協助下，唾液能夠多面接觸食物。最後，將食物咀嚼並與唾液混合以形成柔軟的稠度，稱為大丸劑（bolus）；舌頭將大丸劑移向嘴後部。從口、咽喉、食道，運輸到胃部和十二指腸。

了解你的牙齒及其功能

牙齒分為四類：門牙（incisor），犬齒（canine），前磨牙（premolar）和磨牙（molar）。門牙是用來咬開食物；犬齒是最鋒利的牙齒，用於撕開食物；前磨牙用於撕碎食物。寶寶成長到六、七個月時，第一顆牙齒就是門牙，它會從下頜骨中央長出；二到三歲就會長

122

CLASS **02.6**
消 化 系 統
LESSON

10 口腔 /
食道 / 胃

齊二十顆乳齒（deciduous dentition）。基本上，恆齒（permanent dentition）在胎兒時期就已經開始在下顎（mandible）成長。在兒童成長至六、七歲開始，恆齒從牙槽骨中爆發，乳齒將逐漸擺動並掉落。乳齒和恆齒在解剖結構之間，最明顯的差異是乳齒通常小於恆齒，並且牙釉質薄得多。在成長到十二至十三歲之前，所有乳齒將被恆齒取代。恆齒全部共三十二顆，因為最後一顆臼齒會在大約二十歲前爆出，所以這顆牙齒也被稱為智慧齒。

咽喉和食道

咽或咽喉是從嘴和鼻子到食道和氣管咽的相同通道。如果會厭覆蓋了氣管咽喉部，咽部會允許吞嚥的固體和液體進入食道，但在呼吸過程中將空氣引導至氣管。食道是一條將咽部連接到胃的肌肉管，位於氣管後，長度約為 25.4 厘米（10 英寸），在不吞嚥時仍保持塌陷狀態。食道肌肉陣陣收縮，將食物慢慢擠下食道。令人驚訝的是，由於食道將食物向推下的方式是依賴肌肉的收縮伸展方式，是食道蠕動運動的功用，因此人即使處於倒立狀態，亦能將食物往胃的方向自然推送。

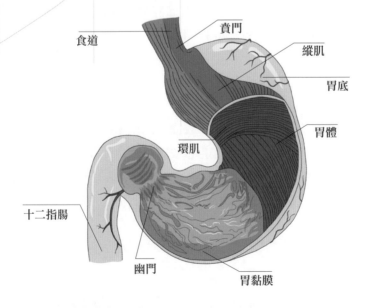

食道　　　　　　　賁門

縱肌

胃底

胃體

環肌

十二指腸

幽門

胃黏膜

Course Title

THE 21 LECTURES GIVEN BY
THE SILENT TEACHERS

無言老師
給我們的 21 堂解剖課

123

胃的四個部分是什麼？

胃部就像個攪拌器，負責將食物攪成稀糊（chime），一個普通成年人能夠儲存約 1.5 公升的食物；但在沒有進食時，扁平狀態下的胃部就只有 100 毫升的容量。

胃分為四個部分，每個部分具有不同的細胞和功能。這些部分是：賁門（cardia），將食道中的食物排入胃中；胃底（fundus），由胃的上部彎曲形成；胃體（body），是主要中央區域，胃空的時候，皺褶（rugae）就會出現；幽門（pylorus），位於器官的下部，有助於將食物排入小腸。食道括約肌將食道和賁門分開，幽門括約肌或幽門口將胃與小腸分開。當食物從食道進來，賁門就會打開而幽門則關閉，以防止食物直接流入十二指腸（duodenum）。

胃壁具有三層平滑肌，由外側縱向肌肉、中間圓形肌和內側斜肌組成。它會不停蠕動將當中的食物與消化液混合以進行消化。胃部會留住食物一段時間，用強酸度 pH2 的胃酸及消化酵素將食物分解為糜狀。因為有胃壁細胞可以分泌黏液以保護內膜，讓胃酸只停留在黏液上而不會將胃部溶解，防止胃酸的腐蝕作用。重要的是，幽門括約肌僅允許胃中的食物一點一點地進入十二指腸，以促進中和並預防潰瘍，它還可以防止部分消化的食物和消化液重新進入胃部。

醫學小知識：幽門螺旋菌 (H. pylori) 感染

在全球各地，約有一半人口與本文開首的安怡一樣患有或是被診斷出有幽門螺旋菌引致的胃炎。醫學界現時還沒有得知感染幽門螺旋菌的

124

CLASS 02.6
消化系統
LESSON

10 口腔 /
食道 / 胃

成因及傳播途徑，不過一般都認為是由唾液、體液、嘔吐物、排泄物、污水及食物等途徑傳播，傳播途徑十分廣泛，説得上是防不勝防！

雖然患者不少，但其實很多都沒有任何表徵，即使潛伏多年都不自知。不過，當自身免疫力減弱時，幽門螺旋菌便有機可乘了！這些細菌會趁機會破壞胃壁黏膜的表皮細胞，引致發炎。多半帶菌者最初都會感到胃脹、胃氣多、突然消瘦、胃痛、沒有胃口等，與一般腸胃不適沒有太大分別。

假如出現消化性潰瘍的體徵和症狀，醫生可能會測試是否患有幽門螺旋菌感染。要是確診患有幽門螺旋菌感染，可以使用抗生素治療。如果能及早發現對症下藥，就能徹底清除體內的幽門螺旋菌。相反，如果不及早處理，或可反覆引致胃部發炎甚至更嚴重的胃部疾病，例如：潰瘍、癌症等。值得一提的是，幽門螺旋菌的傳染度甚高，患者在治療期間，家人最好也接受測試，與其他人同檯食飯時使用公筷等，以防交叉感染。

法證小知識：牙齒為身分鑑定 USB

牙齒可算是身體裏最堅硬的物質（牙齒不算是骨頭）。就算屍體經過火化，大部分的骨頭都變成碎片後，也總可找到一兩顆牙齒。牙齒之所以那麼厲害，是因為其外面有一層堅固的琺瑯質，只要琺瑯質不受損，牙齒可以保存很久，年期之久可以用世紀作單位來計算。

隨着飲食習慣影響及年齡增長，牙齒會出現耗損。

Course Title

THE 21 LECTURES GIVEN BY
THE SILENT TEACHERS

無言老師
給我們的 21 堂解剖課

125

酸蝕、咀嚼磨損、睡眠磨牙、刷牙和過度咬合都會令牙齒而出現磨痕（wear）。觀察牙齒磨痕（dental wear）可以估計死者死亡時的年齡，甚至以牙齒的狀況作身分鑑定。

另外，由於人一生只有兩副牙齒——乳齒及恆齒，因此按着出牙及換牙的既定時間和次序，可以推斷出兒童及青少年的年齡。不過，有不同的研究指出，換牙時間受很多因素所影響，當中包括飲食習慣、營養吸收及基因，因此只以牙齒判斷年齡並不可取。在某些案例中，兇徒可能會留下咬痕於現場證物中，可以是一份三明治、一個蘋果，甚至於屍體的皮膚上。一般來説，如果能從這些物件上取得咬痕，並將疑犯的咬痕作比對分析，可為執法單位提供多一項證據。

牙齒咬痕其實相等於帶瘀血的瘀傷（bruise）。咬痕分析的基礎，就是每個人的牙齒都可做出與別不同的圖案。咬痕比對的做法是，齒科法醫先為疑犯做一個蠟製的牙模，然後跟咬痕的照片比對每顆牙齒的闊度、大小及牙齒之間的空隙，齒科法醫要從比對上最接近的位置找到類似的特徵。

健康生活小知識：火燒心是什麼回事？

火燒心（heartburn）其實與心臟沒有任何關係，亦不是一種疾病。反而是胃酸倒流的一個症狀，也算是一個感覺描述。實際上，食道的管腔內壁是由分層的鱗狀上皮組成，因此只對創傷具有抵抗力但不能抵抗高酸度。而且食道在氣管和心臟的後面，在脊柱的前面。食道在進入胃之前就穿過隔膜。食道下括約肌是隔膜的肌肉圍繞食道構成的，它並不能緊密關閉食道。胃酸分泌協助消化食物，但如果胃酸

126

CLASS **02.6**
消化系統
LESSON
10 口腔 /
食道 / 胃

分泌過多，當食道下端的括約肌鬆弛時，可能會發生胃酸反流，使胃酸倒流到食道中。

火燒心是胃酸倒流到食道，酸性胃液腐蝕食道內壁而產生的燒灼感，但不是每個胃酸倒流的人都會出現這個燒心的症狀。當然有時候出現這個症狀是屬於正常的，直到出現的頻率開始出現常規性，就需要特別留意了。長時間出現胃酸倒流會腐蝕食道，嚴重的會引起食道下端的黏膜不斷受到酸性物質刺激，頻繁或持續反流可導致胃食管反流病（GERD），或會增加患有食道癌的風險。

要改善火燒心或是胃酸倒流的情況必須從飲食及生活習慣入手，戒食高脂食品、油炸、辛辣食物、過甜的食物等，減低體重及降低腹部壓力，也減少穿著太緊身的衣服，也不要在睡前兩個小時進食，這些都是比較容易操作的方式去改善火燒心情況。

Course Title

THE 21 LECTURES GIVEN BY
THE SILENT TEACHERS

無言老師
給我們的 21 堂解剖課

127

第十一課 肝、膽

鳴謝：劉詠思博士（生物醫學學院講師）

在外國，每當看到有人因為喝酒而臉紅紅時，人們都會問他：「You have this Asian flush? So cute!」因為喝酒而變得臉紅紅是否可愛就見仁見智，可為什麼這種現象會與亞洲人有關？喝酒後臉紅是身體不能代謝酒精所致，而這情況在東亞人的血統裏面較常見。導致酒後臉紅的 ALDH2 基因在歐洲及非洲人身上相對罕見，在南美族裔的美國人身上就更少！反之，在中國、韓國、日本等地的人身上就很普遍。但到底亞洲人臉紅綜合症是如何產生？又與我們身體負責代謝酒精的肝臟有何關聯？

我們先從認識肝、膽兩個器官的結構開始吧！

解剖課：肝、膽

肝臟在腹腔右方最上部分，位於橫膈膜的正下方，為暗褐色，是人體中最大的內臟器官。肝臟大致以中央為界分成左右兩部分，亦即左葉和右葉。可再區分成中央上部之尾狀葉，和位於中央下部之方形葉，一共四葉。在肝臟的側面中央有一個凹陷處，稱為肝門。

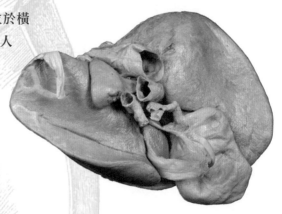

Course Title

THE 21 LECTURES GIVEN BY
THE SILENT TEACHERS

無言老師
給我們的 21 堂解剖課

129

肝門靜脈（hepatic portal vein）及其他血管、神經及淋巴管等
都是從肝門進出肝臟。肝門靜脈是把來自腹腔內消化管道的血液聚
集送往肝臟的靜脈。

構成肝臟的主要成分為肝細胞，無數的肝細胞以放射狀排列聚集，
形成肝小葉（hepatic lobules），再由一百萬個以上的肝小葉聚集形
成肝臟。當充滿各種營養素的肝門靜脈血液經過肝小葉，血液中各
種營養素便透過肝細胞的運作被合成，分解後透過由中心靜脈匯集
而成的肝靜脈運送到其他器官，或儲存於肝細胞內。同時，肝細胞
分泌的膽汁會運送到肝小葉的周圍，從而匯集成總肝管，再透過膽
囊管，暫時儲存在膽囊內。

膽囊是與肝臟內側連接的、呈茄子狀的囊狀物，除了臨時儲存膽
汁外，膽汁的水分和鹽分會被吸收濃縮，並增加黏液。當腸內消化
作用開始，膽囊所儲存的膽汁將經過總膽管，和來自胰臟的胰管
合流，注入十二指腸並進行乳化運作。

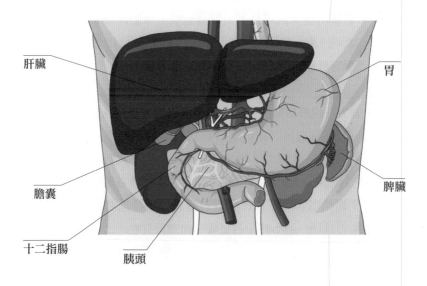

肝臟

胃

膽囊

脾臟

十二指腸

胰頭

CLASS 02.6
消化系統
LESSON

11 肝／膽

肝臟的主要作用，包括物質的合成、分解與儲藏。由小腸吸收的營養素，會在肝臟進行化學處理，吸收到體內。例如葡萄糖變成糖原；蛋白質分解成氨基酸，成為適應人體的其他蛋白質；而維他命則變成人體容易吸收的形態儲藏起來。此外，氨基酸和脂肪可以製造出葡萄糖，由肝臟將其送到體內其他部分。同時，利用脂肪製造膽固醇、破壞老舊的白血球、儲藏血紅蛋白的重要成分鐵，以及製造膽汁，也是肝臟的功能。另外，肝臟還負責有毒物質的分解與處理，例如酒精、藥物、食品添加物、氨等，都是藉着酵素（或稱為酶），使其無毒化而排泄掉。但是，如果解毒作用太弱，或是失去解毒作用時，有毒物質就會積存在體內，成為病源。

具有廣泛作用的肝臟，不像心臟或腎臟可以利用人工器官來代替。現代醫學還無法製造出能夠取代肝臟這樣複雜而又精巧的器官。

醫學小知識：
小心膽石「假扮」消化不良

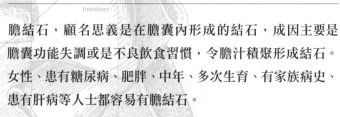

膽結石，顧名思義是在膽囊內形成的結石，成因主要是膽囊功能失調或是不良飲食習慣，令膽汁積聚形成結石。女性、患有糖尿病、肥胖、中年、多次生育、有家族病史、患有肝病等人士都容易有膽結石。

膽結石患者大多沒有明顯病徵，小部分人在進食肥膩食物後右上腹不適，疼痛可反射到後背。正因為結石病病徵并不明顯，經常被誤以為消化不良，或是與胃炎、胃潰瘍混淆。一般要診斷都非常依賴超聲波掃描膽囊，不過透過超聲波只能掃描到膽石的陰影，而不能數到有多少顆結石。現在治療膽結石最有效的是以微創腹腔鏡切除膽囊，手術可以於一個小時左右完成，如無併發症，翌日就能出院。

Course Title

THE 21 LECTURES GIVEN BY
THE SILENT TEACHERS

無言老師
給我們的 21 堂解剖課

131

健康生活小迷思：
晚上十一時到凌晨二時是肝臟的最佳休息時間？

坊間經常流傳說肝臟在晚上十一時後開始排毒，而晚上十一時到凌晨二時是最佳排毒時間，所以為了可以達至最佳排毒效果，我們必須在十一時前睡覺，否則就會傷害肝臟。但其實這個說法是錯的！肝臟年中無休，每天都工作滿二十四小時，就如心臟及肺部都是整天不停工作，無需特別休息。換句話說，當我們在工作時，肝臟也在工作；當我們在休息時，肝臟也在工作！所以，晚睡會傷肝其實並不正確！反而真正傷肝的是我們的不良飲食習慣，特別是近年來香港患有脂肪肝的人數不斷上升，亦有年輕化的趨勢！所以進食要小心，切勿吃太多而引致肥胖。

生活小知識：如何界定人的酒量好與壞？

一般來說，要代謝酒精就需要肝臟的幫忙。在肝臟裏，分解或代謝酒精需要兩種酵素，但未必每個人都有這兩種酵素。所謂不容易醉的人，其實就是體內有着這兩種酵素，並且能夠有效地分解酒精。而小喝兩杯就臉紅的人，身體可能只有一種酵素，甚至兩種都沒有！反而在代謝酒精的時候，肝臟將乙醇分解成為乙醛，因為乙醛的存在而刺激皮膚發紅甚至起斑點。

可是，如果因為你有着兩種酵素就覺得自己千杯不醉，可以大喝特喝，那就錯了！因為不論酒量好與壞，酒對肝臟的負擔都是與飲用量成正比的，所以不要大喝特喝，以免增加肝臟的負擔和破壞肝功能。當然，適量喝酒對身體是有益處的 —— 喝酒能增加高密度膽固醇及對心臟有益，而紅酒中含有的白藜蘆醇（resveratrol）可以抗衰老。

第十二課 胰臟

更多資訊

鳴謝：李衍蒨小姐

最近，中大無言老師計劃收到一名市民查詢有關登記遺體捐贈的資料。當中他提及到以前曾遇上車禍，而令自己部分器官不全。他數年前開車接近馬鞍山時，突然有猴子衝出馬路，令他需要扭軚閃避，結果迎頭與逆線的一輛的士相撞，兩車車頭嚴重毀壞。據查詢者說，他因這意外而喪失了部分手腳及胰臟（pancreas），自此需要定期注射胰島素（insulin）。

我們很少聽到有關胰臟的消息（除了胰島素），到底缺乏了胰臟，我們的身體會有什麼變化？我們身體的什麼功能會受到影響？

我們就先從解剖學角度了解一下胰臟的作用吧！

解剖課：胰臟

胰臟位於胃部後面，從十二指腸（duodenum）位置往左延伸並處於脾臟（spleen）的右方。人的胰臟呈灰紅色，細長。胰臟的頭部位於十二指腸彎內，而胰尾延伸到脾臟，重約 90 克。胰管（pancreatic duct）在總膽管附近，開口於十二指腸，供

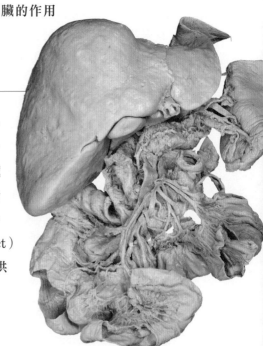

Course Title

THE 21 LECTURES GIVEN BY
THE SILENT TEACHERS

無言老師
給我們的 21 堂解剖課

133

應胰的血液來自脾、肝和腸系膜上動脈,而胰靜脈經門靜脈入肝。
胰島的毛細血管經小靜脈後,又進入圍繞腺泡的毛細血管,所以靠
近腺泡的血液含有高濃度的胰島細胞釋放激素。

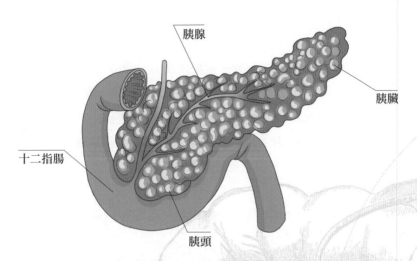

胰腺

胰臟

十二指腸

胰頭

胰臟也可以成為胰腺,在脊椎動物中具有外、內分泌功能的腺
體;外分泌由腺泡和連通腸腔的導管組成。腺泡分泌多種消化酶
(enzymes),導管上皮細胞分泌碳酸氫鹽、鉀(potassium)、
鈉(sodium)、氯電漿及水,這些統稱為胰液(pancreatic juice)。
胰臟透過胰管輸出胰液,經導管進入十二指腸的胰液可以消化糖、
脂肪和蛋白質,此為重要的消化液。內分泌由胰島組成。胰島分泌
胰島素、胰高血糖素、胰多肽和生長抑素等激素,胰島素、胰高
血糖素對維持血糖有十分重要的作用。

醫學歷史小知識:「胰島素」的由來?

胰臟最初由古希臘解剖學家希羅菲盧斯(Herophilus)發現,之
後由另一位古希臘解剖學家盧夫斯(Ruphos)於幾百年後命名為

pancreas。希臘文中「pan」是全部的意思，而「kreas」是指軟組織的肉（flesh）。胰臟一直都以為只是用來避震，直到 19 世紀才為胰臟的作用重新定義。那到底為什麼「胰島素」叫「胰島素」而不是「胰臟素」？

1869 年，德國的病理學家保羅·藍格爾漢斯（Paul Langerhans）發現胰臟中那些一塊一塊的團狀細胞，外觀就像群島一般，因此就稱之為蘭士小島（Islets of Langerhans），又稱之為胰島。而胰島裏面含有四種細胞，最重要的是 α- 細胞及 β- 細胞，而 β- 細胞所分泌的激素就是對糖尿病患者很重要的胰島素了。

健康生活小知識：文明病之一的糖尿病

「文明病」意指因為心理及社會因素，加上遺傳、生理及不良生活方式，以及生態環境污染因素的影響而發生的病。因為生活水平提高，工作節奏不停加快，人們在膳食甚至生活習慣上都有不良變化，增加患上「文明病」的風險。

根據香港糖尿病聯會指出，現時香港約七十多萬人患有糖尿病，預計到 2030 年全港的糖尿病人數會增至九十二萬（即大約 13% 人口會患有糖尿病）。而糖尿病這個病主要是因為胰臟分泌的胰島素不足。換句話講，它並不是尿本身有問題，所以不要被病名所誤導！糖尿病常見分為四型：第一型糖尿病──患者胰臟幾乎或完全不分泌胰島素；第二型糖尿病──患者胰臟會分泌胰島素，但受體不足以致不能有效地利用；妊娠型糖尿病──因為懷孕而產生的糖尿病；續發性糖尿病──因為分泌異常而誘發的糖尿病。

Course Title

THE 21 LECTURES GIVEN BY
THE SILENT TEACHERS

無言老師
給我們的 21 堂解剖課

135

病理學小知識：「癌王」胰臟癌

被譽為天才型領導的蘋果教父喬布斯因胰臟癌而英年早逝，原本身材高大壯健的他，卻在患病晚期被這個癌症折磨得非常消瘦。這個癌症亦奪去了不少知名人士的性命，包括 CHANEL 創意總監「老佛爺」Karl Lagerfeld、米芝蓮名廚 Joël Robuchon 都是死於胰臟癌。一直以來胰臟癌被稱為「癌王」，因為不容易發現，並且很快致人於死地。這到底是為什麼呢？

胰臟因為躲於胃部後面，在腹腔深處，用超聲波很難掃描得清楚，因此難以於早期發現病變，但同時它轉移及惡化速度很快，而且很痛。胰臟癌的病人存活率僅 5%，而發現後僅有 15% 的患者可以透過手術治療，但術後的五年存活率亦只有 10%（因為手術難度及風險很高），所以可以說這是讓醫生們舉手舉白旗投降的一個癌症。

目前為止胰臟癌的成因仍不清楚，一般來說年紀大、有家族胰臟癌病史、吸煙、高脂飲食、酗酒，甚至患有慢性胰臟炎、動過胃部手術等都是增加患癌風險的因素。雖然如此，高危族群的特徵都依然沒有定案，按照臨牀的研究說明，暫時而言遺傳、性別、飲食都不是顯著的因素。

此外，胰臟癌的警示症狀都不明顯，或是容易被忽視。如果腫瘤長在胰臟體部或尾部，病人可能沒有任何不舒服，直到腫瘤脹大才會出現腹痛。如果腫瘤長在胰臟頭部就可能會出現體重減輕、腹痛、消化不良等症狀，一般都會誤以為是單純胃痛而不多加注意。如果壓迫到膽管時，病人有機會出現黃疸症狀，甚至會有白色糞便！

第
十
三
課 小腸

鳴謝：李衍蒨小姐

著名動物行為學家珍・古德博士（Dr. Jane Goodall）深入非洲叢林，與當地黑猩猩花了一段長時間生活，發現牠們能夠使用工具捕獵、也懂得聯群結隊捕捉小型哺乳類動物；她更發現黑猩猩族群之中有着社會階級，不同族群之間會如人類般發生戰爭。因為她的研究令我們認識到人類和黑猩猩之間除了 DNA 有 98% 相似之外，生活上也有不少共同點。

不過，除了行為相似，身體結構上黑猩猩與我們也大同小異。那麼為人類所研發的醫學技術又能否用在黑猩猩身上呢？保育園裏一隻 11 歲的雌性黑猩猩，在 6 歲時被獵人的捕獸器所傷，導致右手所有手指全部沒了，而黑猩猩保育園的負責人用了 150 美金把牠從獵人手中買下，取名「阿邊個」。「阿邊個」比其他猩猩活躍聰明，曾經三次自己找到方法穿越鐵絲網逃走。除此之外，每個職員及其他黑猩猩都非常喜歡牠。

好景不常，「阿邊個」腹部長了一個肉瘤，並且大得相當快，很快就惡化到 9 厘米直徑大小，這個情況實在令人擔心。職員們都不禁想知道到底「阿邊個」患了什麼病？是小腸氣？還是惡性腫瘤？

「阿邊個」被職員帶到診所並且以醫學掃描為牠診斷。要從掃描中分析到底「阿邊個」身體的異常是什麼一回事，就必須認識「阿邊個」與人類其中一個十分相似，亦是這次診斷的關鍵結構：小腸。小腸的正常結構是怎麼樣的？以及，到底最後醫生們有沒有使用到人類的醫學技術在「阿邊個」身上呢？

Course Title
THE 21 LECTURES GIVEN BY
THE SILENT TEACHERS

無言老師
給我們的 21 堂解剖課

137

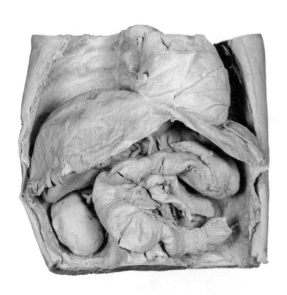

解剖課：小腸

小腸是消化系統中很重要的一個器官。它的主要功能是吸收營養及水分。小腸是一條彎彎曲曲的管道。小腸與胃部的幽門括約肌相連接，而另一端末段就是與大腸連接。小腸可以分為三個部分：十二指腸（duodenum）、空腸（jejunum）及迴腸（ileum）。三者之中，只有十二指腸是位於固定位置，而空腸及迴腸可以移位。成年人的小腸一般長 6 公尺。如果分成五等份，空腸佔了小腸前五分之二，而迴腸就佔餘下的五分之三。不過兩者都沒有一個明顯的界線。

十二指腸之所以被稱為十二指腸有兩個說法，其中一個是因為「長度有十二隻手指般長」之說。一般來說，人的橫指約 1.5 厘米，而十二隻橫指就是約 18 厘米，但現實中十二指腸長約 25-30 厘米，所以名字的由來與現實有接近 10 厘米左右的落差。不過，「十二」同時可以翻譯成「十二英寸」的意思，所以並沒有任何字眼與手指有所關聯。十二指腸彎曲的部分剛好就是胰臟的位置，而十二指腸的上方就是肝臟和膽囊，左方就是胰臟。從胰臟注入胰液（pancreatic juice）的管道和從膽囊注入膽汁的管道都會延伸到十二指腸。空腸和迴腸的腸壁都有環形皺襞（circular folds）及絨毛（villi），不

過空腸的皺襞及絨毛比較多。另外，空腸壁的肌肉層比較厚，蠕動頻率相當高，以幫助將腸內食物往前推進。因此，在解剖時腸內都幾乎是空的，因而得名。

小腸黏膜微細構造圖

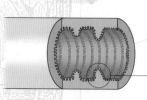

小腸黏膜上的環狀皺襞

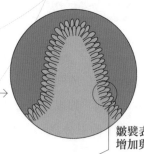

皺襞表面上長滿緊密絨毛以增加與營養接觸的表面面積

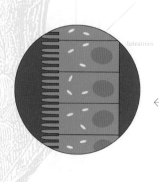

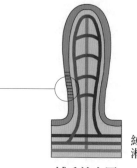

絨毛當中有血管和淋巴管帶走營養素

絨毛放大圖

Course Title

THE 21 LECTURES GIVEN BY
THE SILENT TEACHERS

無言老師
給我們的 21 堂解剖課

139

同樣，兩部分的小腸腸壁都有淋巴組織，不過黏膜上的淋巴組織則以迴腸的部分含量比較多，有些甚至會聚集成片！這些淋巴小結稱為派伊爾氏淋巴集結（Peyer's Patches），是免疫系統的防線，以抵抗經過腸道的病原體。因此出現了人體中 60% 到 80% 免疫功能都來自小腸及大腸之説。當然，這些淋巴組織也可以成為部分細菌入侵的途徑（例如：沙門氏傷寒菌）。

小腸的消化運動功能由小腸內的兩種肌肉（縱肌與環肌）作有規則的交互收縮，令裏面的食糜可以和消化酶充分混合，最後被推送到大腸。小腸的運動大致上可分為兩種：

1. 分節運動：這是小腸的主要運動，只發生在含有食物的區域。藉着強而有力的收縮，將小腸分成數節，使食糜與消化液充分混合，但它不會把食物沿腸管推進。

2. 蠕動運動：這是將小腸中的食物推向大腸的運動。從胃部開始，向小腸的方向進行反覆而弱的蠕動。每一次的蠕動，從起點移動至小腸末端需時 100-150 分鐘，當蠕動波到末端而消失時，起始點已有新的蠕動波形成而取代之。

小腸的主要功能是吸收營養，這都是皺襞及絨毛的功勞。這些絨毛上的細胞都長着微絨毛，因此 6 公尺長的小腸表面面積可達到 200 平方公尺，這些額外的表面面積對於吸收營養非常重要，在消化液的幫助下吸收分解成小分子的營養素，運送到血管和淋巴管。換句話説，當小腸的消化吸收營養能力無法滿足身體時，就會出現營養不良。

獸醫學小故事：「阿邊個」的治療故事

前文提過，黑猩猩「阿邊個」被保育園救出一段時間後，診斷出腹部長了一個肉瘤，醫生為牠做了超聲波掃描，掃描結果發現只是患了小腸氣。由於牠的腹壁（abdominal wall）出現了一個缺口，令到原本應該在腹腔的組織移到了皮膚底下，形成了一個腫塊。如果這個缺口不再處理，越來越大的話，會導致部分腸道被逼出來。然後，當小腸充了氣，擠壓着附近的血管，就會令到血液運行不流通，腸道會繼而壞死。

醫生於是決定為牠進行手術，把原本應該處於腹腔的組織送回原位，並且修補缺口。這手術在人體已經施行無數次，特別是在微創技術的支持下。於是，他們決定將同樣的技術套用到「阿邊個」身上。他們在「阿邊個」肚子上開三個鉛筆頭般大小的孔，分別放置腹腔鏡、光源及鏡頭。然後再開多兩個小洞來放置手術用具。

不過當開始進行手術時，醫生發現了一些難題！由於黑猩猩是群居動物，打鬥是維持自身地位的常態，因而會經常受傷，而組織之間就會在癒合時形成黏連（adhesion）。醫生推斷「阿邊個」可能經常打鬥，令小腸氣的位置附近有相當嚴重的黏連，這些組織都與皮膚緊緊的黏在一起，令到手術難度提高。

還有另外一個重要難題。在花了兩個小時後，醫生終於將「阿邊個」的黏連處理好，並且已經將組織重置腹腔裏面，這時候只剩下修補缺口的部分。為了避免小腸氣復發，這個部分是需要處理的。一般來說會視乎缺口大小，再去決定到底縫針還是用網膜去覆蓋它，但用網膜的壞處是有機會會刺激黏連的形成。誰料，這個缺

Course Title

THE 21 LECTURES GIVEN BY
THE SILENT TEACHERS

無言老師
給我們的 21 堂解剖課

141

口不大也不小，令醫生很難抉擇。不過最後醫生也決定為「阿邊個」用上一塊網膜，減低造成細菌感染的機會。

這次手術，如果在人體身上施行並不是什麼稀奇的事，不過將這種技術套用在獸醫學上是鮮有的。無論是超聲波、超聲波手術刀、腹腔鏡都是以人為主要的使用對象。如今能用到獸醫學上，為動物手術帶來革命性的改變，實在令人鼓舞！

法醫學小知識：
為何屍體腐化會賬卜卜？

屍體腐化主要由自我消化（autolysis/ self-digestion）及內組織腐化（putrefaction）兩個過程組成。而一般的法醫學層面多半流於後者的那個層面上。屍體腫脹（bloating）是因為屍體腐化時產生氣體所致，可説是早期腐化（early decomposition）及進階腐化（advanced decomposition）的分界線。這是由於內組織腐化，將平常需要氧氣（aerobic）才能成長的細菌換成無氧（anaerobic）的。由於細菌於屍體內的化學作用產生了大量的氣體，這些氣體於體內造成的壓力能把屍體體內的排泄物（即大小二便）推出體外，甚至造成棺內分娩（post-mortem extrusion/coffin birth）的錯覺。這些氣體亦會把一些體液透過不同的氣孔排出體外，由於體液有機會帶着血，因而產生吐血的錯覺。另外，因為腐化而產生的啡色液體也會慢慢的滲出屍體外。

生命的輕與重——陳詩瓏醫生

在大城市裏，醫護團隊二十四小時在醫院內守護每一位病人的生命。同一時間，在地球的另一端，有些地方由於戰火蔓天，人民早已視生死如閒事。生命本應平等，然而殘酷的現實卻為生命的價值帶來疑問。距離香港醫療體制千里之遠，陳詩瓏醫生看見另一種死亡的態度，同時找回醫者的初心。

陳詩瓏醫生到訪戰亂地區行醫

陳詩瓏出身於傳統名校，成績優異，但她本來的志向並不是行醫。由於她喜愛動物，所以當年一心想做獸醫，並已收到美國大學的有條件錄取資格。然而，修讀藥劑師的父親一直有一個「醫生」夢，遊說女兒醫動物和醫人也是如出一轍，希望女兒可以成為醫生。於是，陳詩瓏便答應了父親提出的打賭，「如果獲得醫學院的取錄便做醫生吧。」雖然陳詩瓏指自己當時只是想敷衍一下父親，誰知到最後醫學院真的取錄了她，一個父女間的打賭引領陳詩瓏踏上行醫之路。

大學一年級暑假時，陳詩瓏趁機會到美國研讀海洋哺乳類動物相關的課程。在課程中，她學習透過解剖已擱淺死亡的海豚胃部，從而分析該品種的海豚分佈在哪個海域和習性，令她獲益良多。陳詩瓏對

Course Title
THE 21 LECTURES GIVEN BY
THE SILENT TEACHERS
無言老師
給我們的 21 堂解剖課

143

這種醫學應用大感興趣，更引伸至人體，認為人類的上消化系統之間相輔相成既複雜又神奇。再加上她在醫學院的數年間，體會到醫生與病人所建立的聯繫是多麼彌足珍貴，令她終於立志要當一個好醫生，也成為了上消化道專科醫生。

上消化道癌症患者存活率偏低，因為大多患者發現時已屬晚期。本港沒有相關的普及篩查計劃，而且上消化道癌症初期病徵不明顯，陳詩瓏表示，即使她和很多外科醫生及腫瘤科醫生非常盡力的去挽救每一位末期患者，但能做到的，還是很有限。這些經歷至今仍令陳詩瓏感到氣餒，令她勾起一個深刻難忘的手術——病人是一位五十歲的媽媽，其年輕的女兒同時罹患了末期大腸癌。母親答應女兒，要好好治病活下去。陳詩瓏盡量調動母親的治療時間，希望能讓母女間有多一點相處時間。可惜，病人的女兒卻在病人手術前一星期離世了。最後，陳詩瓏為患者順利切除腫瘤，但看見病人術後康復期間每天以淚洗臉，心裏還是很難受。

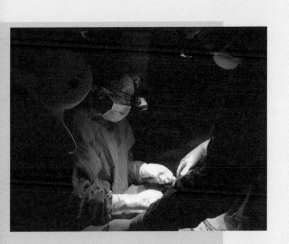

在落後的地區有時需要於漆黑中進行手術

末期上消化道癌症患者大多在六至十個月內死亡，這讓陳詩瓏一度感到無力。那時一位醫生前輩對她說：「醫生是一個使者，不同專科的醫生會在病人不同階段的生命中出現，婦產科醫生為病人拉開人生序幕；成長階段會看兒科醫生；幸運的話能看老人科，而在患上腫瘤的

時候，外科醫生或腫瘤科醫生就會出現，能治得好當然最好，但盡力過後，好好地送病人離開這個世界，也是醫生的使命。」

在香港的公共醫療體制下工作多年，陳詩瓏漸漸覺得自己只是一個機械人，病人「貨如輪轉」，有時還未看清病人的樣子，看看報告診症便結束，否則根本不可能為所有正在等候的病人診症。陳詩瓏想找回做醫生的初心，於是加入了無國界醫生，到戰亂地區行醫，包括南蘇丹和也門。本來在香港的醫院，她感到自己只是體制下少了一個也不察覺的角色，但在南蘇丹的醫院就只有她一個外科醫生，如她突然離開，要等最少三個星期後才有別的醫生接替。因此，即使她當時發現自己患有輸尿管石引致腎積水，也不想離開醫院，因為她不想放棄當地的病人。

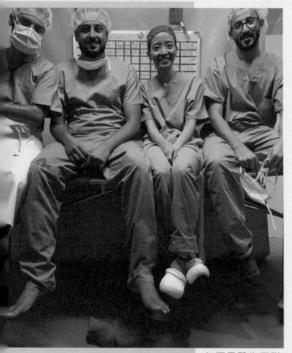

無國界醫生團隊

戰火無情，要救的人太多，一雙手加上簡陋的儀器，始終也有限制。在當地，陳詩瓏接觸到很多在香港甚少遇上的傷患，例如爆炸和槍傷，但在戰地之中卻會發生在同一個人身上。她最記得的傷者是一個十三歲的少年。陳詩瓏第一次見他，是他在一次爆炸受傷後來縫合傷口，本來他還需要接受詳細檢查，但因為少年的父母雙亡，他需要快點離開以找食物給年幼的弟妹。第二次，少年踩到了

Course Title

THE 21 LECTURES GIVEN BY
THE SILENT TEACHERS

無言老師
給我們的 21 堂解剖課

145

地雷而受重傷，陳詩瓏診斷他需要截肢，準備為他物色義肢和其他
醫療用品時，他卻在住院的第五日說要回家照顧弟妹，便拖着
還未癒合的傷口離去。第三次，少年中了槍傷，送到醫院時已奄
奄一息，但他仍笑着跟陳詩瓏說：「我們又見面了」。不過，陳詩
瓏一看他的傷勢，便知道以當時的醫療物資，這位少年是救不回
來的了。陳詩瓏對此感到無力又難過，即使她一次又一次地救回
這條生命，最終他還是死於這個國家的政局和動亂之下，令她不
禁思考着外科醫生在戰亂地區的存在意義。

看着那片烽火大地，陳詩瓏最終釋懷，明白作為一個外科醫生，她
無法停止戰爭，政局亦不能由她改變，正如面對末期癌症病人和家
屬，醫生的力量也很渺小。她想起一位醫生前輩安慰她的說話，「醫
生是一個使者，不同專科的醫生會在病人不同階段的生命中出現，
盡力過後，好好地送病人離開這個世界。」這也是陳詩瓏至今最大
的感悟，能救便盡力救。至少能證明，即使在戰地裏，生命也曾被重
視過。

第十四課 大腸

更多資訊

鳴謝：衞善敏博士（生物醫學學院高級講師）

小美這陣子工作到深夜才回家，但在入睡數個小時後，在天亮的一刻都會起來上廁所。這個半夜爬起來去拉肚子的生活模式已經持續了差不多一個月左右。前陣子的情況好像有好轉，但之後又復發。她曾因為這個不停拉肚子的狀況而睡不好，甚至因沒有精神上班而不停要請病假休息；這又令她不敢在外進食，降低了她的生活質素。家裏的人都怕她身體出現了什麼嚴重毛病，繼而不停勸她去求醫。看了許多醫生後，終於有一名醫生為小美確診為「腸易激綜合症」（Irritable Bowel Syndrome，IBS）。醫生表示沒有辦法完全根治這個病症，而病情反覆主要與生活環境：例如工作需要加班或是應付考試等因素有關，他主張小美透過飲食改善病情對自己的影響。

到底什麼是腸易激綜合症？它與腸道功能異常有關，要了解這個擾人至深的病症，必須要先了解大腸腸道的結構。

解剖課：大腸

大腸（large intestine）是消化腸道的最後一部分。主要功用是吸收腸道內剩餘消化物的水分和電解質，並將無用的物質排出體外。大腸的結構包括：闌尾（vermiform appendix）、盲腸（caecum）、升結腸（ascending colon）、橫結腸（transverse colon）、降結腸（descending colon）、乙狀結腸

Course Title

THE 21 LECTURES GIVEN BY
THE SILENT TEACHERS

無言老師
給我們的 21 堂解剖課

147

（sigmoid colon）、直腸（rectum）和肛管（anal
canal）。其中大家最熟悉的莫過於盲腸，正因
盲腸炎是比較普遍的大腸疾病。事實上，炎症通
常發生在闌尾部分，所以正確的名稱應是闌尾炎
（appendicitis）。盲腸，是大腸的首部分，呈袋狀；
闌尾，是起於盲腸的一段細小的腸管。它們隱藏於右腹
下的髂窩內，所以尋找闌尾位置是一個挑戰啊！另外闌尾
可出現於盲腸外壁的不同位置，因而增加手術時的難度。但只要
外科醫生能夠找出在大腸表面的三條結腸帶（taeniae coli）的滙
聚點，便能找到闌尾的位置。

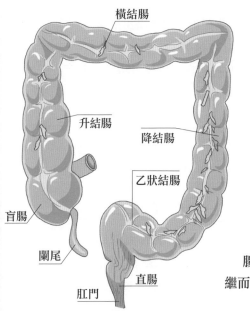

結腸帶、結腸袋（haustra）和腸脂
垂（epiploic appendages）都是大腸
獨有的特徵性結構。結腸帶是由大
腸的縱行肌肉層所形成的。當縱行
肌收縮，便形成了結腸袋。腸脂垂
則是垂在大腸表面被腹膜圍着的脂
肪組織。

從結腸的分類可推斷它的伸延方向
或形態。升結腸，起自盲腸上方伸
延至右肋區，在接近肝右葉時左轉，
成為橫結腸，直至左肋區。降結
腸，從左肋區開始向下，達至左腰區，
繼而變成乙狀結腸。

各結腸也有其特點。在活動度方面，因橫結腸和
乙狀結腸都附着結腸繫膜，這兩部分的活動幅度較大，而且長度也有

橫結腸　升結腸　降結腸　乙狀結腸　盲腸　闌尾　直腸　肛門

明顯的個體差異。在管徑方面，降結腸管徑較升結腸細，而且位置較深。降結腸或乙狀結腸是直腸切除後建立人造漏口的理想位置，所以造口常在前腹壁左下方。

直腸位於盆腔內，骶骨前。主要負責分泌黏液，幫助糞便排出。因它和乙狀結腸相連處呈彎曲狀，加上接口較狹窄，在進行大腸鏡檢查時應加倍小心這位置，避免刺穿腸壁。此外，也要注意直腸內呈彎曲半月形的直腸橫襞凸出的位置，慎防損傷這些橫襞。另外，直腸橫襞一般被認為有助減慢糞便下降的作用。

肛管是直腸下端通向肛門（anus）的部分，位於會陰處（perineum）。管內上部有肛柱（anal columns）和肛竇（anal sinus）。肛竇把肛門腺（anal gland）所分泌的黏液貯存，並在排便時擠壓出來潤滑管壁。若果帶有細菌的糞渣不慎積存在這些肛竇內，便可能引致肛竇炎或肛門腺管炎。管內下部相對比較平滑，除了接近肛門處的色澤較深外，沒有明顯的特徵。肛管上下部是由不同胚層（germinal layer）所發展而成，各有不同的結構組織和血管神經系統。有趣的地方是，這兩部分可用齒狀線（dentate line）來作區別。這齒狀線的命名是源於在肛柱下的肛瓣（anal valves）從下向上看貌似齒狀。

直腸和肛管的黏膜下層（submucosal layer）有豐富的血管網，包括聚集捲曲的靜脈網。當這些靜脈擴張時，可發展成痔瘡（hemorrhoids）。長在齒狀線以上的就稱為內痔，在齒狀線以下的就是外痔。內痔出血的情況一般較外痔為多，但痛感為少。此外，那些在直腸裏的血管網，也可用作吸收某些特別藥物的地方。

Course Title

THE 21 LECTURES GIVEN BY
THE SILENT TEACHERS

無言老師
給我們的 21 堂解剖課

149

基本上，控制糞便排出肛門的是兩組肛門括約肌（anal sphincters）。肛門內括約肌是變厚的直腸環肌，由自主神經支配，不受意識控制。而肛門外括約肌是圍繞肛管下端的肌肉，為體幹神經所控制。當我們有意識地緊閉肛門，肛門外括約肌便起了很大作用。除此之外，恥骨直腸肌（puborectalis）對肛門也起着重要的括約作用，若受損可引致大便失禁。

解剖學小知識：闌尾真的可有可無？

廣東話俗稱闌尾炎（appendicitis）為盲腸炎，但這其實是兩個不同的器官。闌尾本來就是一個 5-10 厘米長的器官，闌尾壁上有大量淋巴結。由於對我們的免疫系統有着重要影響，因此有部分解剖學家的確視闌尾為與扁桃腺（tonsil）相類似的淋巴組織器官。從這個角度出發，或許就可以明白為什麼傳統上以切除手術處理闌尾炎，因為即使割掉也不會對患者有永久的傷害或影響。

體質人類學小知識：為什麼有闌尾呢？

在人類演化的過程當中，保留了一些可能對維持日常人體基本功能沒有特別用處的器官，這些器官稱之為「痕迹器官」（vestigial organ），例子有：智慧齒（wisdom teeth / 3rd molar）、尾骨（coccyx）。2017 年美國的中西大學（Midwestern University）研究過去 1100 萬年以來，哺乳類動物體內出現闌尾及消失的變化。在這麼長的時間裏，他們發現闌尾演化了二十九次，而消失了十二次，證明闌尾的出現比消失有着一定的價值，即使我們到現在依然不清楚其作用。曾經有一

論說指闌尾有「輔助」草食動物消化的作用,由於我們趨向多樣化飲食,這「輔助」就不再重要,研究亦相信闌尾能向腸道提供免疫細胞以保持腸內細菌平衡。後續更有研究推斷說闌尾可能是柏金遜症(Parkinson's disease)的始作俑者,因為這 5-10 厘米的小管子能夠容納大量誘發柏金遜症的有毒蛋白質。不過,這個假設依然有賴個別領域的專家研究才能下結論。

健康生活小知識:
擾人至深的腸易激綜合症?

文初提及小美患有的腸易激綜合症是由於腸道的功能失常所表現的症候群,當中包括了腹痛、腹瀉、便秘、脹氣、腹脹、便解不完全的感覺。致病原因在現今醫學界依然不詳,但一般認為是被不明因素刺激腸道蠕動不協調所引起。

一般這個病況都會被誤診為腸痙攣或是腸胃炎,但其實是不同的症狀。香港中文大學在 2000 年訪問了 1,078 名沙田居民,發現有 44% 的受訪者曾經患有腸易激綜合症,而在訪問時仍在接受治療的有 10-20%。腸易激綜合症的種類分為三種:腹瀉為主、便秘為主、兩者交替為主,而根據臨牀的分析,容易致病的因素為:性格緊張、壓力、女性經期前後、飲食習慣及腸胃炎誘發。不過也有不少案例顯示,隨着年紀增長,這個病也會逐漸消失或是病發次數減少。至於為什麼年輕會是發病因素,到現在醫學界依然尚未有清晰答案。

這個症候群不會致命,也沒有藥物可以完全根治,只能透過調節飲食和舒緩壓力而舒服一點,實在擾人至深。

Course Title

THE 21 LECTURES GIVEN BY
THE SILENT TEACHERS

無言老師
給我們的 21 堂解剖課

151

第十五課 腎、泌尿

鳴謝：鄧美娟博士（生物醫學學院講師）

在一宗交通意外裏，涉事司機遭外物貫穿腹腔並且穿過其中一側的腎臟。經過急救，醫院的醫護們為了挽救他的生命，衡量過後決定通過外科手術切除那顆受創傷的腎臟。換句話説，司機只剩下一顆腎臟了。他在手術醒來過後，聽到醫生們解釋他的康復情況，不禁為自己能保住性命而感到高興，但同時也懷疑到底是否真的能在只有一顆正常運作的腎臟下仍繼續健康地生活呢？

一般來説，在一個人正常健康地生活時，腎臟並沒有使盡百分之百效率全力地工作！實際上，即使腎功能相對地留力，也可以很好地維持一個人的生命。反之，如果因為不同原因而令到腎臟出現腎功能衰竭等症狀，就代表腎功能真的降到 30% 以下了。出現腎衰竭的情況，腎臟就無法完全過濾血液中的代謝性廢物，使這些廢物形成尿液從身體排出。這個情況一旦出現，代謝性廢物中的有毒物質就會累積在血液中，造成「中尿毒」，很可能導致死亡。這個時候就可能得以人工透析和腎臟移植來治療。

就是因為腎臟有着這個「省電模式」預設選項，當我們在生病，或像這名司機一樣因為意外而失去一顆腎臟的時候，只要生活規律正常的話，還是能夠如常健康生活的。而就算兩顆腎臟也受到嚴重傷害，亦可用移植換腎手術治療，患者使用移植的腎臟，基本也可以生存。

Course Title

THE 21 LECTURES GIVEN BY
THE SILENT TEACHERS

無言老師
給 我 們 的 21 堂 解 剖 課

153

解剖課：腎臟與泌尿系統

水分對於我們身體非常重要，能協助我們維持生命！身體裏面最主要負責過濾血液中廢物的器官，就是我們的腎臟。腎臟能夠協助我們每一天過濾大約 200 公升血液，協助丟棄在體內形成的水溶性廢棄代謝性物質和多餘水分及礦物質，以平衡體內穩態及恆常（homeostasis）。每個人的身體裏都有兩顆腎臟，它們均呈豆狀，大小平均為 11.2 x 5.5 x 3.8 厘米。它們位於腹膜後，腹腔隔膜之下，約在胸椎第 11 節至腰椎第 2 節之間的背後方之處。其中右邊腎臟的正上方就是肝臟，因此右腎的位置比左腎低 0.5 厘米。儘管它們位於後方，但兩顆腎臟都被我們的肋骨及厚厚的脂肪層保護着。

當我們喝水時，水分經過胃部，通過吸收進入血液裏面，並且循環全身。血液之後透過腎動脈（renal arteries）進入腎臟。每個腎臟都有一層外層，稱為腎皮質（renal cortex）；及一層內層，稱為腎髓層（renal medulla）。而在腎臟的微觀構造來看，當中有超過一百萬個功能單元結構體，稱為腎元（nephrons）。每一個腎元都可以分成兩部分：腎小球（renal corpuscle），其功能是過濾血液中的成分；和腎小管（renal tubule），其功能是處理並帶走過濾後的液體。腎小球中有由血管纏繞成宛如毛線

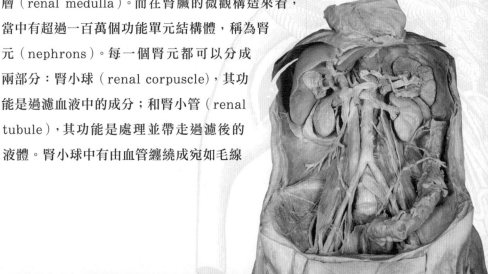

154

CLASS 02.7
泌尿及
生殖系統
LESSON

15 腎／泌尿

球般的腎絲球，並被鮑氏囊所包圍。血液進入腎絲球過濾，然後形成
原尿進入鮑氏囊，再流入腎小管。在這個階段，腎小管會回收對身
體有用的物質，再分泌血液餘下的毒素物質。最後，尿液形成了。
人每天會排出約 2 公升尿液。

腎臟的切面

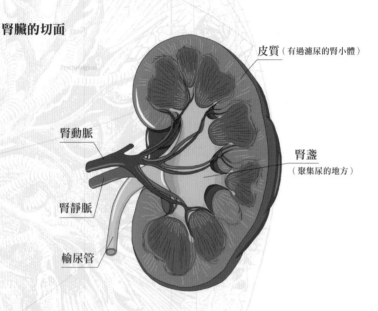

皮質（有過濾尿的腎小體）

腎動脈

腎盞
（聚集尿的地方）

腎靜脈

輸尿管

尿液進入輸尿管（ureter）運送到膀胱（urinary bladder），尿液
會在膀胱中儲存一段時間，直到膀胱充盈可以刺激膀胱壁中的拉伸受
體，觸發尿意。我們可以控制尿意直到找到廁所，整個過程稱之為排
尿（urination）。在忍尿或只是有尿意的時候，尿道內括約肌會自動
放鬆，這是屬於自主神經系統控制的反射動作。不過，尿道外括約肌
仍然收縮緊閉，這是屬於軀體神經系統範圍，令我們可以有意識的控
制，忍耐一陣子才上洗手間。但若膀胱超過它最大的「能耐」——
儲存尿液多於 800 毫升，人忍無可忍便會失禁。

Course Title
THE 21 LECTURES GIVEN BY
THE SILENT TEACHERS
無言老師
給我們的 21 堂解剖課

155

健康生活小知識：腎結石是什麼？

當我們居住在一個氣候比較熱的地方，因為氣溫的關係而增加了排汗量，卻很長一段時間沒有攝取足夠的水分，就變相令我們相對高危地形成腎結石（kidney stones）。腎結石很容易在腎小球過濾過程中，透過結晶作用將身體裏面的礦物質離子，例如：鈣（calcium）、鎂（magnesium）、尿酸鹽（uric acid salts）混合起來而形成。一般來說，如果腎石不超過 5 毫米直徑，正常來說都可以通過尿道排出體外而不會構成任何問題。不過，如果當腎石的直徑大於 5 毫米的話，它們就可能會被困在腎盂（renal pelvis）和輸尿管（ureter）的交界處；如果腎結石能通過交界處，進入骨盆並越過髂總動脈分叉，這時流向速度變慢，腎結石在這裏仍可阻塞施壓，形成劇痛，此為尿道結石。因為科技的發達，現今已經有非入侵性的碎石術（lithotripsy）可以把過大或卡住的結石震碎，最後由尿液排出體外。

生理學小知識：男女尿道長短一樣嗎？

尿道是一個有着薄壁的平滑肌管道，始於膀胱的下部開口，並穿過泌尿生殖器隔膜（urogenital diaphragm）一直延伸到體外，通過尿道外口將尿液排泄出體外。也就是說，尿道是排泄尿液時的通道。但它不光是一根管子呢！它的功能有點像「水龍頭」，透過旁邊的尿道內括約肌與外括約肌來控制排尿。

事實上，男女的尿道不論在長度及功能上都有分別。女性的尿道就單純只有排洩功能，直接從膀胱向外伸出，全長大約 3-4 厘米（即約 1.5 寸）。不過由於尿道比較短，所以如果衛生條件差，細菌容易

156

CLASS 02.7
泌尿及
生殖系統
LESSON

15 腎/泌尿

從體外進入，造成感染並且引起膀胱炎及尿道炎。至於男性的尿道則約 20 厘米長（即約 8 寸長），為了方便臨牀的診斷，它可以分為三個部分：前列腺尿道（prostatic urethra），約長 2.5 厘米（即約 1 寸長），是膀胱頸的延伸，並穿過前列腺；膜尿道（membranous urethra），約長 2 厘米，尿道最短的中間部分，延伸到陰莖；海綿體尿道（spongy urethra），約長 15 厘米，是在陰莖的海綿體中，從膜狀部分的末端延伸到尿道外口的尿道。

法醫科小知識：
尿、糞便及精液在死後都會流出？

在我們活着的時候，肛門及尿道括約肌也都不例外，由神經系統控制肌肉的收縮和放鬆。死亡的那一刻，即心跳和呼吸停止，但是身體內的細胞仍然有能量，不會立刻全部終止生理活動。當細胞慢慢用盡了能量，一切的功能性活動就會停止，全身肌肉亦會慢慢放鬆。當所有括約肌也像開了「水龍頭」般放鬆時，積存的大便尿液便都會從身體流出來，而男性的身體更可能會有精液釋放外流的情況。這個情況在上吊自殺時更常見，因為除了肌肉放鬆之外，地心吸力亦會促進排泄物外流！最後還是要奉勸一句，生命價值寶貴崇高，不要輕易放棄生命啊！

Course Title

THE 21 LECTURES GIVEN BY
THE SILENT TEACHERS

無言老師
給我們的 21 堂解剖課

157

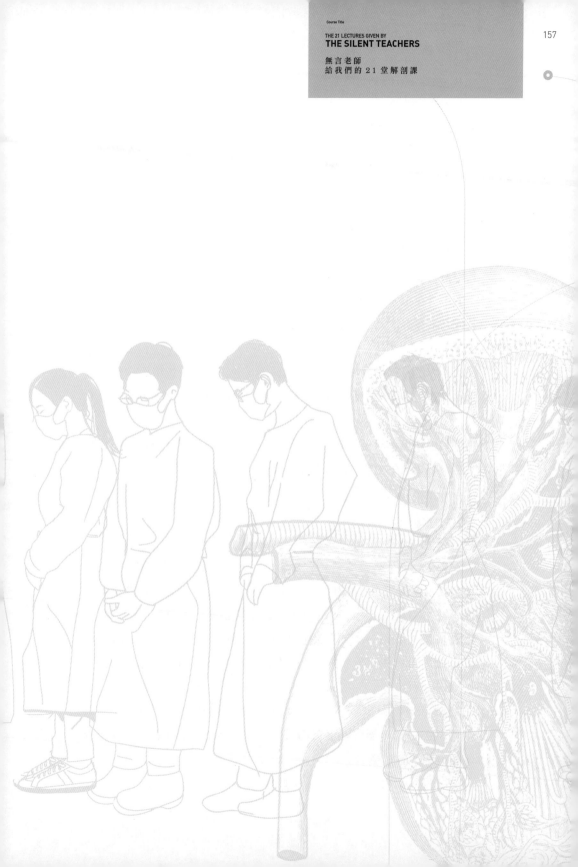

第十六課 生殖器

更多資訊

鳴謝：李衍蒨小姐

人死後身體都會因為體內組織腐化所產生的副產品而有一些變化。這些變化的種類及可能性實在太多，有時候會令到我們措手不及！其中最常聽到的都市傳聞及鬼故事是有關懷孕的女士離世之後，冤魂不散，會在棺木內產子。最終，那名孩子也會在棺木裏面死去，並同時成為了冤魂厲鬼，而媽媽以後則專門攻擊接近她墓地的孕婦。

又或是，曾經聽過很多殮房裏面的傳聞，說男士在死後依然會有生理反應，陰莖依然會維持在勃起狀態，特別是那些死於「馬上風」的人。

到底這一切真的只是傳聞？還是真有其事？要拆解這一切就必須要先了解一下男女生殖器之謎及其基本知識。

解剖課：生殖器

男女生殖器的外表雖然完全不一樣，但背後的原理卻是差不多。在懷孕初期形成的生殖腺原基（gonads），會在帶有 Y 染色體的寶寶體內發育成為睪丸（testicles），而在沒有 Y 染色體的寶寶體內則會發展成為卵巢（ovaries）。胚胎初期預設有發展成為男女生殖器的兩套系統，男女性胚胎都具有沃爾夫管（Wolffian duct）和穆勒氏管（Mullerian duct）。如果沒有受其他因子調控，胚胎睪丸就會在這裏分泌男性荷爾蒙，沃爾夫管就會變成輸精管，成為男性的第一性徵，穆勒氏管就會慢慢消失，男性的外生殖器亦會在穆勒氏管退化後不久開始發育。

Course Title
THE 21 LECTURES GIVEN BY
THE SILENT TEACHERS

無言老師
給我們的 21 堂解剖課

159

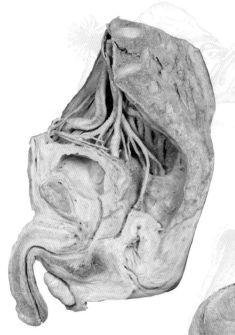

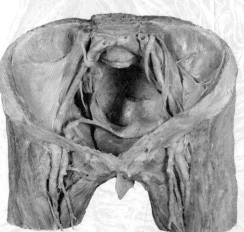

相反，如果沒有男性荷爾蒙分泌，沃爾夫管就會退化，穆勒氏管就
會形成子宮及輸卵管。

陰道、子宮、輸卵管、卵巢這些女性生殖器都收藏在腹腔之中。它們
的功能就是要作育胎兒及生產，一直到五十歲前後停經，其功能才會
停止。子宮一般都有 7-8 厘米長，懷孕臨盆前可以脹大到 35 厘米長、
1 公斤重，在生產後約 2-3 個月就可以恢復原來大小！而男性生殖器
只有一部分留在腹腔中，在陰囊中的睪丸在身體外，這是因為遇
熱時，睪丸的功能會降低，為了能夠保持低溫，它必須置於體外。

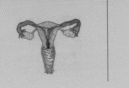

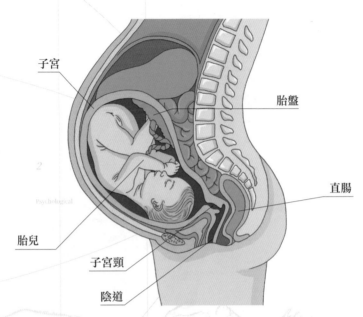

子宮

胎盤

直腸

胎兒

子宮頸

陰道

女性生殖系統

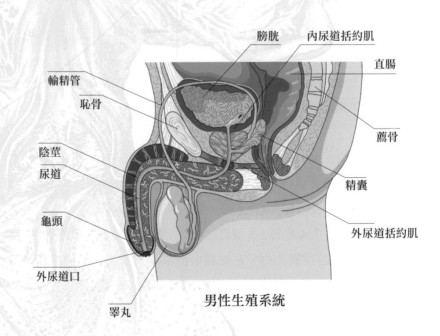

膀胱

內尿道括約肌

輸精管

恥骨

直腸

薦骨

陰莖

尿道

精囊

龜頭

外尿道括約肌

外尿道口

睪丸

男性生殖系統

Course Title

THE 21 LECTURES GIVEN BY
THE SILENT TEACHERS

無言老師
給我們的 21 堂解剖課

161

在生產之前，受精卵的性別是由父親的精子決定。人類的細胞中，有 22 組常染色體和 1 組性染色體。性染色體就有 X 和 Y 之分，擁有 XX 染色體的是女性，而擁有 XY 染色體的則是男性。精子和卵子各具一般細胞染色體的一半，所以母親的卵子永遠是 X，而父親的精子可以是 X 也可以是 Y。因此，讓卵子受精的精子是帶 X 還是 Y 染色體，就成為了決定孩子性別的關鍵。

法醫科小知識：棺內分娩與死後勃起

棺內分娩（coffin birth）於學界正稱為 Postmortem fetal extrusion（Postmortem：死後 /fetal：嬰兒 /extrusion：排出）。這個現象會發生，是由於孕婦的身體腐化時，於體內產生的氣體能夠壓迫子宮把還沒有出生的嬰兒推出體外，造成類似棺內分娩的畫面。雖然解釋到這個現象是如何發生，卻暫時還未知道為什麼會出現這種情況。此現象並不會發生在所有孕婦屍體上，亦較少發生在現代社會裏。其中一個原因是，於屍體防腐過程中會把體內的液體及相關細菌去掉，令到腐化時沒有那麼多氣體積聚。

至於與殯房相關的都市傳說——馬上風的死者會長期處於勃起狀態，這說法也是不可能的。因為人一旦死亡，神經活動停止，血流也會停止，繼而無法維持勃起狀態，陰莖會立刻回復正常。另外，假設死者被面朝下地安放，血液就會因為地心吸力而集中在接近地下的一邊，形成一個猶如勃起的假象，甚至有時候會有體液於前列腺流出，但絕不是射精。

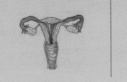

CLASS **02.7**
泌尿及
生殖系統
LESSON

16 生殖器

生殖器小知識 ：處女膜的迷思

所謂的處女膜（hymen）其實是陰道冠（vagina corona）的俗稱。這個部分不是經常被討論到，許多人亦未必知道它的確實位置，不過它卻在約束世界各地女性的權利。

中文稱陰道冠為「處女膜」，意思為「處女之身的膜」，這個翻譯已經令我們對它存有錯誤的理解。不單在亞洲或是使用中文的國度或地區，甚至全世界都普遍相信「處女膜」掌管着女性的貞操，用來封存女性的身體直到第一次做愛才會被刺穿。這個根深蒂固的觀念以及對身體構造的錯誤認知為女性帶來很多負面的影響。大眾一直都誤認女生在第一次性愛後，處女膜就會破掉，並且流血！外國更有「Pop the cherry」這種說法來比喻女生的初夜。但事實上，這不是必然的。

處女膜是由結締組織構成，有黏膜及豐富的血管，位於陰道的入口處，平均厚度為 2-3 厘米。它並不是好像珍珠奶茶的杯蓋膜般覆蓋陰道口，反而比較像是一個氣球拱門般置於陰道兩旁。處女膜的彈性因人而異，因此在進行性交時不一定會破裂。同時，處女膜的開口或形狀也有很多種，不過一般都有足夠的開口進行陰道檢查、洗滌、放置棉條等。另外，它亦有機會在日常生活中因為各式各樣的運動而破裂，甚至有些女士是天生沒有處女膜的。即使在日常生活中撕裂了處女膜，它自己本來就會慢慢修復。

不過因為處女之身的包袱及對於處女膜的誤解，在某些文化裏面，若果女性於初次性愛時不流血，不但會為其帶來恐懼，甚至引致其

Course Title

THE 21 LECTURES GIVEN BY
THE SILENT TEACHERS

無言老師
給我們的 21 堂解剖課

163

死亡,因而令部分女性迫不得已要做「處女膜」修復手術(即靠手術去建構一塊「處女膜」)。「處女膜」的功能從醫學角度看來依然不知為何,就像男生的包皮一樣,不過肯定的是女性身體並沒有安置一個貞操探測器。話說回來,「貞操」這個詞語也是我們發明的概念,那些以「貞操」之名去檢查或是訂立相關的法律條文都是性侵犯的一種。有沒有「處女膜」本來就不是自己可以決定的,重要的是女性應該擁有自己身體的自主權。

CLASS 02.7
泌尿及
生殖系統
LESSON

訪談

醫者的初心 —— 趙家鋒醫生

雖然醫生常被捧為神聖的天職,但醫生也是人,少不免會有比較和名慾。當一個醫生難,當一個純粹的醫生更難。趙家鋒醫生在初中時已立志行醫,可能是性格使然,趙家鋒為人十分簡單,在人生的各個選擇中總能相信初心,多年來帶着一顆純粹的心照顧病人。

在香港要成為一個醫生,第一個選擇便是入讀香港中文大學醫學院或是香港大學醫學院。十多年前,一心就讀醫科的趙家鋒,除了在會考和高考的選修科作好準備,亦參加了兩間院校的醫科迎新活動。接觸過中大醫學院後,他便決心要成為一個「中大人」。當接到公開試成績後,家人和朋友見他的成績足以入讀香港大學醫學院,紛紛勸他選擇港大。在十多年前,中大醫學院比較年輕,名氣沒有港大醫學院的高,能夠入讀港大醫科,便是尖子中的尖子。即使如此,但趙家鋒仍然選擇相信自己的心,只因他與中大醫科的前輩和教授們相處過,感覺到中大的純樸。當時,他看到中大的人沒有精英的架子,也沒有互相鬥爭的心態,師兄師姐和教授們也很友善,樂意互相支援。相反,他覺得港大教授們有一種不太容易接近的感覺。

對於趙家鋒來說,學府的名氣是次要,能學到最多的東西才是最重要。「中大和港大的人,其實能以外貌分辨的,即使成為了醫生,仍是一眼就知道誰是中大和港大人!」趙家鋒覺得中大的風氣較為適合

趙家鋒教授

Course Title

THE 21 LECTURES GIVEN BY
THE SILENT TEACHERS

無言老師
給我們的 21 堂解剖課

165

性格單純的自己，於是便不聽他人意見而選擇了中大。時至現在，
趙家鋒已畢業多年，仍然感謝教授對他的啟蒙：「沒有後悔，當時是
選對了。」

從港大和中大之間選擇了中文大學，接下來便是選擇專科。不同
醫生在選擇專科時都各有考量，專科之間也有各自的特性。例如在
一般印象下，外科比較辛苦，而麻醉科及 X 光科相對輕鬆；其他身
體部位也各有喜好，而趙家鋒選擇了不是很受醫生喜歡的泌尿
科。趙家鋒坦言，泌尿科所牽涉的器官──腎和膀胱、尿道、陰
莖等，的確不是每一位醫生都會喜歡天天面對的。而趙家鋒卻將
這些器官與其他器官一視同仁，絲毫沒有感到半點反感。

雖然沒有反感，但趙家鋒也不是一開始就選擇了泌尿科，會投入
這專科，也是出於機緣。本來趙家鋒是打算做普通外科，但在泌尿
科工作時遇到很好的同事和上司，工作下來又產生了興趣，便索性
考這專科。

在泌尿科內，趙家鋒除了診治病人外，還會幫助其他醫生進行研
究。雖然他是醫管局醫生，研究並不是他的職責，但深深喜歡醫
學的他把醫學研究當成興
趣。十多年來，先後參與了
二十多個相關的研究項目。
上班時照顧病人，下班後
進行研究，工作和工餘時
間都離不開醫學。有時還
會在晚上因為掛心病人而

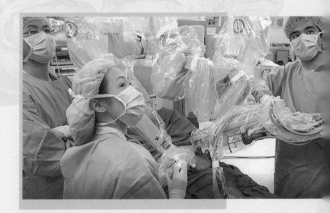

趙家鋒教授正在使用達芬奇機械人手術系統

睡不着,在半夜致電回醫院詢問病人狀況。

趙家鋒說最讓他掛心的病人,是一位八十六歲的婆婆。婆婆患上了膀胱癌,雖然年事已高,但仍能自由走動,沒有什麼其他病痛,更是一位心廣體胖的老人。肥胖者做手術的風險已經較高,加上老人家因為身體機能衰老,萬一因為手術而出現併發症,喪命的風險就會更加高。作為醫生,考慮是否為病人進行手術也是一大挑戰。因為即使手術沒有半點差池,病人自身也可能會出現併發症,但不做手術,癌症便可能擴散。過往,進行膀胱切除手術需要開肚,會在肚子上留下一條長傷口。為了減低創傷,趙家鋒最後決定為婆婆進行難度較高的微創手術,切除有癌組織的膀胱並置入人工膀胱。手術完成後,大約只留下六個 5 至 10 毫米的傷口,只要不出現併發症,婆婆便可以順利復原。在手術結束後,趙家鋒擔心了整整兩個星期,他笑說:「做一個手術,擔心了那麼久真是不值!」幸好,婆婆的癌細胞成功切清,順利出院。覆診時,趙家鋒看見婆婆能自己走進來診室便覺得很滿足,什麼擔心也值得了。

雖然這個病例很令人鼓舞,但回想當時的掙扎也令他想到更多。趙家鋒說:「一個好的外科醫生,不是懂得做很多手術,而是知道何時不要做一個手術,了解病人的限制,才是真正的能幫助病人。」過去做手術,「搏」的成分很大,病人在手術中死去亦是常見,如病人沒有死去,醫生便十分利害。隨着醫學進步,趙家鋒相信,好的外科醫生應該更掌握手術和病人的限制,每一個手術也能慎重地做,一個多餘的死亡也不想再見到。

Course Title

THE 21 LECTURES GIVEN BY
THE SILENT TEACHERS

無言老師
給我們的 21 堂解剖課

167

第十七課 顱骨

更多資訊

鳴謝：衛善敏博士（生物醫學學院高級講師）

俗語有云：「你腦囟都未生埋啊？！」

相信在各位在小時候時都有被人用這句話批評過。當下，一方面會覺得很無奈，但另一方面就會想：「你到底在講什麼啊？」到後來長大成年後，如果再被人以這句話批評的話，就會覺得有點侮辱，因為我們都知道這句話其實就是暗指不成熟。但，有沒有想過為什麼腦囟與不成熟有關係呢？要了解這句古老廣東俗語，就必須要先了解我們人體的顱骨結構，或許從骨頭的成長可以參透一二呢！

解剖課：顱骨結構

顱（skull）是由各個形狀獨特的骨骼組成。從功用上可分為：構成人的相貌的顏面骨（facial bones）和保護腦子的腦顱骨（cranial bones）。這兩組顱骨也同時保護我們四個重要的感覺器官——眼、耳、舌和鼻。

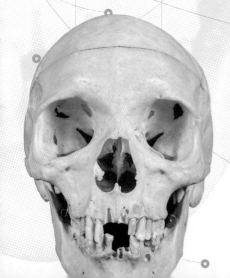

顏面骨主要有：鼻骨（nasal bone）、顴骨（zygomatic bone）、上頜骨（maxilla）、下頜骨（mandible）、下鼻甲（inferior nasal concha）、犁骨（vomer）、淚骨（lacrimal bone）和腭骨（palatine bone）。當中，下鼻甲和犁骨是位於鼻腔內。而淚骨和小部分的腭骨則位於眼眶內，需要仔細看才能辨認出來。

Course Title

THE 21 LECTURES GIVEN BY
THE SILENT TEACHERS

無言老師
給我們的 21 堂解剖課

169

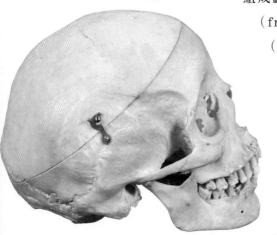

組成顱頂的腦顱骨有位於最前的額骨（frontal bone）、中間的一對頂骨（parietal bone）和最後的枕骨（occipital bone）。所謂「後尾枕」就是指枕骨位置。因為這四塊骨骼主要用作保護腦子，所以相對其他組成顱底的腦顱骨，例如篩骨（ethmoid bone）、蝶骨（sphenoid bone）和顳骨（temporal bone），它們都比較堅硬。尤其是在兩個眼眶之間的篩骨，它是眾腦顱骨中最脆弱的。雖然如此，篩骨有助構成眼眶、鼻腔和鼻中隔。而且在鼻腔頂部還有小孔讓嗅神經通往腦額葉下的嗅球（olfactory bulb）。連接篩骨後方的蝶骨，故名思義呈現有趣的蝴蝶形狀，有明顯的蝴蝶身子和兩對翼。蝶身子中間的凹陷處保護着負責控制荷爾蒙的腦下垂體（pituitary gland）。另外，位於兩旁的顳骨則保護着耳道、中耳和內耳。這些各個不同形狀而且擔當不同角色的腦顱骨，都有同一個特徵，就是長有很多大小不同的管道、裂縫和小孔給腦神經和血管進出顱腔。而且各骨骼均藉齒狀骨縫（suture）緊緊相連起來，防止骨骼移動，加強顱的堅固度。

初生嬰孩的顱骨因為發育未完全，顱骨之間有着明顯的間隙或重疊。有些地方還有結締組織膜，稱為囟門（fontanelle）或俗語的「腦囟」。隨着嬰孩的成長，這些結締組織膜便相繼鈣化而成為骨縫。表面面積最大而又最後才閉合的囟門，是位於額骨和兩頂骨會

合處的前囟門（anterior fontanelle），一般在嬰孩歲半左右才完成閉合。同樣地，在額骨之間的骨縫也會隨成長而消失。在檢查顱骨時，沒有消失的額骨縫可能會被誤診為骨裂。

從顱的整體而言，外側近顳窩位置是最薄弱的，容易受撞擊而骨折，這裏正是拳擊手經常受傷的地方。這個由蝶骨大翼、額骨、頂骨和顳骨鱗部所相連之處，稱為翼點（pterion），又稱「太陽穴」。「太陽穴」內有腦膜中動脈（middle meningeal artery）前支通過，所以骨折容易損害到這些血管，導致顱內出血，形成硬膜外血腫（epidural hematoma）。持續出血更會造成腦疝並引致死亡。

除了盛載腦子的顱腔外，頭顱骨裏也有稱為副鼻竇（paranasal sinus）的含氣空腔。副鼻竇分佈在上頜骨、額骨、篩骨和蝶骨內，總共四組。這些副鼻竇可減輕顱骨的重量、過濾空氣和幫助發音起共鳴。各副鼻竇有竇口通往鼻腔，在竇內的黏液流出。

歷史小知識：甘迺迪總統身分辨識

1963 年 11 月 22 日，甘迺迪總統在副總統的陪同下到德克薩斯州訪問。約中午時分，正當總統坐着開篷車出巡，行駛至一個彎位時，有一名埋伏的槍手向他開了槍，直瞄準其喉嚨，甘迺迪當場斃命。數小時後，官方所指的兇徒亦被槍殺。雖然後任總統所成立的調查小組報告支持這個說法，但民眾卻不接受，因而衍生了各種陰謀論。

在甘迺迪遇害後，法醫們在解剖時程序上為他的遺骸照了 X 光。這 X 光隨後受到支持以上陰謀論的人質疑。有見及此，當時的調查

Course Title
THE 21 LECTURES GIVEN BY
THE SILENT TEACHERS

無言老師
給我們的 21 堂解剖課

171

小組（House Select Committee on Assassinations，HSCA）就邀請了兩位法醫人類學家，Dr. Ellis Kerley 和 Dr. Clyde Snow，檢查及考究能否用科學方法來推斷屍體是否真的屬於甘迺迪。面對着這個挑戰，兩位法醫人類學家就採用了到現今都經常採用的方法，嘗試核實骨骸的身分：X 光片對比（radiographic comparison）。他們將解剖時由法醫拍攝的 X 光片與甘迺迪生前於醫院拍攝過的紀錄比較。他們比較兩張 X 光片的前方及側面，以便觀察額竇（frontal sinuses）的形狀及位置。受學者推崇的額竇鑑證這個方法，早於 1927 年已經開始有紀錄，其背後基礎為相信每個人的額竇形狀都不同，到現在為止都依然依靠着學者的努力，把此鑑證技巧成熟化。

兩位學者最後於報告上寫道：「單憑從生前及死後的 X 光上看到的額竇形狀相似之處，足以斷定為兩張 X 光片來自同一人。(the similarity in shape of the sinus print patterns in the ante mortem and post mortem films is sufficient to establish that they are of the same person on the basis of this trait alone.)」他們又指出除此之外，頭顱骨上的其他特徵，例如眼眶的形狀、頭頂縫的縫合程度及紋路都很類似。因為有這樣的總結，調查委員會最後亦正式官方公布兩張 X 光片都源自同一人，即他們被刺殺的第 35 任總統甘迺迪。

體質人類學小知識：兩足主義 V

在我們顱骨的底部有一個大孔，稱為「foramen magnum」（中譯：枕骨大孔）。這個拉丁字詞顧名思義就是指「大孔」。

這個大孔也是連接我們脊椎骨的地方。不要小看這個孔，它其實是我們可以兩足走路的其中一個演化結果。在四足動物的顱骨也有一個大孔，但位置上卻比較接近顱骨的後方，而不是像人類般位於顱骨底部。這個位置上的些微差異足以影響我們的站立姿勢及運動方式。連同脊椎骨演化後的自然弧度，這些特徵都能協助我們在站立時保持平衡及支撐着我們頭部及身體的重量。同時間，也因為某程度上令到脊椎成為了我們頭部的支架，所以讓我們不需要極度發達的頸部肌肉去穩定頭部。

法醫人類學小知識：頭骨骨縫推斷年齡

隨着年紀愈大，用骨頭來推斷死時年齡的準確性就愈低。這是由於在推斷年齡時，我們會以骨頭的發育及生長特徵來做判斷基礎。骨頭都是按着一個既定的速度來生長，每個人開始和結束的時間都不一樣，但中間的發育速度都是穩定的。因此，當小孩子進入青春期，以骨頭推算年紀就會比較準確。青春期過後，生長停止，就換成以骨頭損耗變化來作為推算的基礎。當然，有些人因為生活習慣的關係，可能會造成某一組骨頭勞動頻率較高，繼而衍生出很大幅度的變動性。因此，在推算年齡時，年紀愈大，推算的範圍就愈廣。例如，推斷小孩子的年齡時，年齡區間可為兩年（如 3-5 歲），甚至嬰兒期可以按月份來推算，但用成年人的骨頭推算年齡，年齡區間則為十到十五年左右。

人一出生約有三百多塊骨頭，隨着時間增長，骨頭與骨頭會融合，到成年時就剩下約 206 塊骨頭。人的頭骨縫合按照既定的

Course Title

THE 21 LECTURES GIVEN BY
THE SILENT TEACHERS

無言老師
給我們的 21 堂解剖課

173

生理時鐘及速度，因此法醫人類學有時候亦會以縫合狀況來推斷
死者的年齡。例如：頭頂的縫（sagittal suture）會在約 29 歲
開始縫合，直到約 35 歲，而縫合後的縫線會隨着年紀而愈來愈
不明顯。一般到 50 到 60 歲或以上，縫線已變得平滑甚至不見！
不過這個方法卻不是永遠準確。有些人到成年的時候，頭頂的縫
還是不會縫合。而且，頭骨的縫合幅度更有族群差異。因此，這
一般只能作為推斷年齡參考的一部分，除非頭骨是你唯一得到的
骨骸。

第十八課 腦

更多資訊

鳴謝：李衍蒨小姐

ST055-ST060

2015年11月28日，陽光明媚，天氣暖和，就在如此舒服的天氣下，中大醫學院在將軍澳紀念花園舉辦撒灰儀式，告別十四位「無言老師」。常言道：「師者，人之模範也」。「老師」從來都不是以年紀來定義，而是讓受教的人得到多少，而「無言老師」計劃推行以來最年輕的老師就印證了這個說法。

這名最年輕的「老師」是只有10小時生命的先天無頭蓋骨初生嬰兒——朱瑋恆。瑋恆的媽媽在產檢時發現瑋恆先天沒有頭蓋骨，無法保護孩子的腦部發展，因此評估存活率為零。但瑋恆媽媽沒有選擇終止懷孕，而是把瑋恆帶到世界上，與他短暫相處了10個小時。由於早已得悉與腹中的生命相處的時間很短，因此瑋恆媽媽在十月懷胎時都會把握機會將在腹中的孩子介紹給親友及另外兩名女兒認識，他們認為要與孩子建立感情不一定要等到他出生後才開始。

同時間，瑋恆父母在瑋恆還未出生時便開始準備他的身後事。最後，他們選擇讓孩子成為「無言老師」，除了希望透過在「無言老師」身上動一刀，或可減少在活人身上動一刀，他們還想到有些

Course Title

THE 21 LECTURES GIVEN BY
THE SILENT TEACHERS

無言老師
給我們的 21 堂解剖課

175

嬰兒可能會因為瑋恆而得救，成為醫生學習的幫助，亦能為瑋恆的
生命加添一份意義！

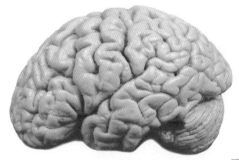

解剖課：腦部結構

人腦以兩個大腦半球為主體，一般的
大腦半球表面有很多摺痕，腦幹位於
中線。大腦會被一層蛛網膜覆蓋着表
面。蛛網膜（aranchnoid）屬於腦膜
（meninges）的中層。大腦的額葉前區（prefrontal area）與一個
人的性格、行為、判斷力及短期記憶有關；顳葉（temporal lobe）
與感情、行為、性衝動、嗅覺、聽覺及長期記憶的形成有關。
換句話說，如果考試前一晚通宵夜讀，務求把所有知識在早上考試
時傾囊而出的話，這些短期記憶就與額葉有關。相反，如果是很有計
劃地從幾天甚至幾個星期前便開始溫習而產生的記憶，就屬於長期
記憶，是顳葉的規管範圍。

從大腦中心向下延伸連接脊髓的部分稱為腦幹
（brainstem），腦幹有自律神經的中樞，負責在人類
沒有意識時讓身體自動化運作，人們在睡覺時依然
懂得呼吸、消化、吸收，心臟依然會跳動，都是腦幹
的功勞。因此，當腦幹受損時，人會因為呼吸及心跳
停止而導致死亡。因此，現時能讓死者作器官捐贈的
其中一個要求就是當捐贈者出現腦幹死亡的現象。

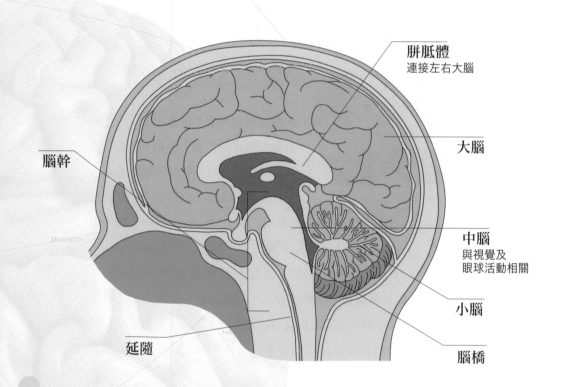

胼胝體
連接左右大腦

大腦

腦幹

中腦
與視覺及
眼球活動相關

小腦

延隨

腦橋

腦幹的前方是下丘腦（hypothalamus），而下丘腦的兩個球性結構
為乳頭體（mammillary bodies）── 因為很像女性乳房而得名，
這結構對記憶很重要！在磁力共振掃描中顯示，慢性酒精中毒的病
患乳頭體會呈現萎縮狀態。

Course Title

THE 21 LECTURES GIVEN BY
THE SILENT TEACHERS

無言老師
給我們的 21 堂解剖課

177

腦幹後方是小腦（cerebellum），小腦對於調整動作及肌肉協調很重要。小腦本身有兩個較小的半球，半球表面有很多摺痕。至於腦幹可以說是最原始的大腦結構，體積只佔大腦的約 2%，但絕不要少看這 2%！沒有大腦半球我們依然可以生存，但沒有腦幹就不能！

俗語「BB 見人見得多，學習能力會更高更快！」胎兒在胚胎發育的早期，腦部表面光滑。到了滿四十周時，人腦的主要摺痕已全部形成，以及已經具備人腦應有的神經元。當然在嬰兒足月的階段，腦部功能還未成熟，嬰兒亦沒有理解和思考能力。在嬰兒出生後，腦部體積會繼續增大，當中的神經元接駁會不斷重生塑造，因此新生嬰兒的經歷與腦部成長及塑造過程有着互相影響。

臨牀病理學小知識：無頭蓋骨 VS 無腦症

無頭蓋骨，亦稱露腦畸形（exencephaly）。顧名思義，露腦畸形是指胎兒顱骨缺失而腦部組織及表面腦膜依然完整。而無腦症（anencephaly）則是指顱骨及雙側大腦半球均有缺失。無頭蓋骨的嬰兒缺乏眼窩以上的顱骨，而無腦症的嬰兒不但缺乏眼窩以上的顱骨，更會缺乏那部分的皮膚、大腦半球，或許只剩下腦部組織。患有無腦症的嬰兒面部有辨識度很高的特徵：眼球突出，猶如蛙眼或蛙的面容、耳朵位置較低。

無論是無腦症還是無頭蓋骨症狀，其實都可以透過產檢時的超聲波檢查診斷出來。目前醫學界中認為露腦畸形屬於無腦畸形的早起階段。這是由於露腦畸形嬰兒腦組織及表面的腦膜直接暴露及浸泡在羊水中，受到羊水刺激或因胎動而引致損傷，繼而令腦膜及腦組織等慢慢脫落，最終成為無腦兒。

生理學小知識：
小腦＝熟能生巧？

大腦與小腦其實不是直接相連，而是透過腦幹的中腦、腦橋、延髓交換信息。在執行指令時，大腦的主要皮質會想身體的骨骼做某一動作，因此運動中樞是在大腦，小腦則會在旁觀察着大腦皮質發出的指令有沒有妥善及順利執行，並且進行微調。所以不同的運動或活動經過反覆練習後有進步，甚至達致另一境界就是小腦發揮盡善盡美的調整功能所得出來的效果。

如果小腦受到損傷就沒有辦法進行運動調整，連一些簡單甚至基本的動作，例如：站立、手臂往外展開、手指觸摸鼻頭甚或說話都會產生問題。所以，雖然小腦沒有直接與維生功能有關，卻是維持生命不可欠缺的器官。

換句話說，有些人以「做不到運動」作為不運動的藉口，其實是講不過去的！因為只要不停訓練小腦對動作指令的微調功能，運動基本上是沒有不可能的！但前提是，你必須找到一項能讓你盡興、愛上、感興趣的運動，一種讓你願意投入時間的運動才會給你動力達到熟能生巧的效果！

法醫學案例：
美國鐵撬棍之案 (the American Crowbar Case)

美國的費尼斯‧蓋吉（Phineas Gage）是美國大西部鐵路公司的爆

Course Title

THE 21 LECTURES GIVEN BY
THE SILENT TEACHERS

無言老師
給我們的 21 堂解剖課

179

破鐵路工頭。1848 年 9 月，他負責炸開擋在鐵軌路上的大石，但工人施工出錯未有鋪上防炸泥土，蓋吉用自己隨身攜帶，長 110 公分、直徑 6 厘米的鐵棒點燃引線，因為放少了防炸泥土，導致鐵棍直接飛出，貫穿蓋吉的左臉頰並從頭頂飛出。本以為斃命的蓋吉竟離奇生還，送到附近醫院醫治。

但是自此蓋吉的性情大變！由做事有始有終、人緣良好的工頭變成一意孤行、自以為是的人，智商更出現倒退呢！蓋吉一事令到當時的神經科學家明白到前額葉（frontal lobe）的重要性，並且釐清了其對行為的影響。但到底蓋吉為什麼還能生還？法醫學的研究指出，其實大腦皮質受傷，可能會令受傷的位置出現障礙，但未必會死。只要不傷及腦幹，心跳、呼吸等維生活動仍然能夠保持。現實中，很多人在意外或槍擊中都會失去部分大腦，因而產生一些障礙，但依然能活下來。

第十九課 神經

更多資訊

廣東話裏面有時候會因為太激動而罵人「黐咗線」、「發神經」，到底這背後意指為何？

雖然，在追查廣東話的淵源後發現，「黐咗線」其實是意指以前科技沒有那麼成熟時，電話線搭去了另一個人的線路上，就如我們今天講的「jam線」，不過後來亦因為與「發神經」的意思差不多，因此就變成相互通用。那麼，到底所謂「發神經」又是什麼一回事？「黐咗線」、「發神經」又被叫做神經病，亦有被稱為精神病、精神錯亂、神經錯亂等，而精神病等主要是一組以行為表現、心理活動紊亂為主的神經系統疾病。目前的研究所得認為主要以家庭、社會環境等外在因素，加上患者的生理遺傳因素、神經生化因素相互影響導致行為、神經系統紊亂的病症。

但其實人的神經系統並不只有會影響行為的中樞神經系統（CNS），也包括連接到身體各部分的周邊神經系統（PNS）。本課就一起來談談讓身體維持穩定協調狀態的神經系統吧！

解剖課：周邊神經

腦與脊椎負責傳遞信號到肌肉去令我們能夠活動，同時亦接收來自皮膚、關節等位置的信號及指令去製造感知。這些信號都是透過超微的神經絲——軸突

Course Title

THE 21 LECTURES GIVEN BY
THE SILENT TEACHERS

無言老師
給我們的 21 堂解剖課

181

（axon）所傳遞。軸突是一條單一細長的管狀突起（process），從神經元（neuron）伸延出去。每一個軸突都會獨立被髓鞘包裹着，而髓鞘是由許氏細胞（Schwann cell）所形成的。軸突加上保護作用的阻隔層就成為了神經纖維（nerve fibre）。神經纖維可以按功能分為兩類：用作操作肌肉收縮的運動神經元（motor fibres）及感覺神經元（sensory fibres）。雖然，這些結構都非常微細，但每一神經纖維可以長達 1.5 米！例如，部分神經可以從腳掌開始一直延伸到整隻下肢，有些感覺神經更會貫穿整個脊椎到腦幹。數以千計的神經纖維束成一般我們所謂的「神經」，所有的神經都可以用肉眼見到的。從腦延伸出去的是腦神經（cranial nerves），從脊髓延伸出去的是脊神經（spinal nerves）。腦神經一共有 12 對，而脊神經則有 31 對。每一脊神經都與其他脊神經相連組成叢（plexus），而神經叢就組成了我們統稱的周邊神經（peripheral nerves）。我們身體裏面最大的周邊神經就是平常經常聽到的坐骨神經（sciatic nerve），直徑超過 1 厘米，有超過 60,000 條神經纖維。

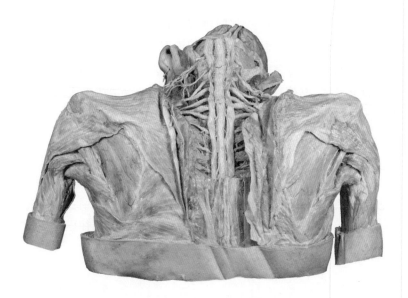

神經元分為運動神經元及感覺神經元。運動神經元的細胞本體藏在由腦及脊椎所組成的中樞神經系統內，而感覺神經元的細胞本體則位於中樞神經系統以外。

周邊神經系統與中樞神經系統的分別是它們的復原能力。中風（strokes）及脊椎受傷（例如因為交通意外，或者墮馬等原因所造成）通常會造成永久傷殘及癱瘓，因為中樞神經系統裏面的軸突，會因結締組織生長抑制因子的產生，而不能重新生長。相反，傷及周邊神經系統的病患都能在一段時間後重拾其運動神經及感覺神經的功能，而且表現算是相當滿意。最重要是周邊神經的創傷相對來說比較柔和及良性。例如在割傷後，傷痂會隨着傷口癒合而慢慢增生，而受傷處的神經能夠化身成為接受重新生長的軸突；軸突亦能穿過結痂組織生長。神經就會在傷口處慢慢以每天約 1.5 毫米的速度重新修復、生長。理論上及邏輯上，神經受傷的部分越短、越少，就越快康復。所以，比起受傷部分在手臂，如果受傷部分在手腕的話，手部功能會恢復得較快。

不過對於糖尿病患者來說，正常的神經元代謝速度被干擾，繼而影響到感覺神經的軸突及許氏細胞。這個情況雖然原因未明，但一般都是最長的軸突先受影響，所以都是先影響腿部的神經，繼而慢慢蔓延到上半身。當周邊神經的感知受影響，就會造成失去觸感及感覺的情況，對周邊的刺激及感知亦會失常甚至喪失。

生活小知識：為什麼我們會臉紅？

在周邊神經系統裏面有一個佔有很大比重的神經系統，稱為自律神經系統（autonomic nervous system，ANS）。所謂自律就是在沒

Course Title

THE 21 LECTURES GIVEN BY
THE SILENT TEACHERS

無言老師
給我們的 21 堂解剖課

183

有意識下或是沒有經過訓練，也能自行操作及進行部分活動，當中包括心臟搏動、呼吸、血壓及新陳代謝等。不過要注意，ANS 並不是人體內的第三組神經系統，它依然屬於周邊神經系統，因為很多的神經纖維都埋藏在周邊神經裏。同時，ANS 亦不可以稱為內臟神經系統（visceral nervous system，VNS），因為當中很多纖維都會供應皮膚及肌肉的血管。

在我們覺得尷尬或是害羞的時候，自律神經系統中的交感神經受到刺激並且增強，繼而會在身體裏面指揮一連串生理變化，例如心跳速度加快，心臟輸出量增加而造成血管擴張。而當臉部微血管擴張，就會增加血液流到臉部，令兩頰顯得通紅。同樣情況在運動時或溫度上升的環境都會出現。

所以說，臉紅是控制不了的，只好單靠「行為訓練」去改善，例如多面對人群，就不會那麼緊張害羞了，亦沒有那麼容易刺激到 ANS 產生反應。

人體履歷表：
腕隧道症候群 (Carpal tunnel syndrome，CTS)

人，用一生來建立自己的經歷及生平，幾乎所有我們生命中經歷的大小事情都會在骸骨上面留下印記。除了骨頭以外，其實其他組織都有機會印上生前及死時的經歷，甚至一些因為工作及勞動而產生的痕迹，都能夠讓我們知道這人生前或一直以來從事什麼工作為主。因為勞動工作而留下的印記不禁讓人覺得唏噓。當中，於門診範圍最常聽到的就是腕隧道症候群。

腕隧道症候群的患者因為手腕內的正中神經受到壓迫,而造成正中神經負責管理的食指、中指及大拇指產生疼痛、感覺異常甚至無力等相關症狀。韌帶就是因為過度勞役或是不正確使用等原因而發炎,導致正中神經被周邊發炎的韌帶壓迫,繼而出現以上的狀況。

腕隧道症候群較多出現在製造業的工作者身上,或是因為職業需要經常重複使用手腕工作的職業,如:文書或文職人員、電腦工作者、機械技工、木匠、搬運工人等。治療的方法有很多種,一般分為藥物治療及手術治療,不過無論是哪一種,要避免或減慢病情惡化,患者都要減少長時間進行這類重複性的手部動作,這才是有效的治療及預防方法。

語言、人體小知識:FUNNY BONE

在意外地撞到手肘內側後,都會感覺到非常麻痹,而且這麻痹感會蔓延到手指尾、無名指!外國人都會稱這個位置為「funny bone」(直譯:有趣骨頭),以前的人覺得是因為撞到人體內手肘的一塊骨頭而產生這種感覺。因為撞到後會產生如觸電般的反應,亦因為手臂骨「humerus」,讀音與「風趣、有趣」的英文單詞「humorous」一樣,因而得名!

不過事實上,我們撞到的是一條神經線!我們的上肢有一條很重要的神經線,稱為尺神經(ulnar nerve)。尺神經從肩膀一直伸延到手指,負責手腕屈曲、無名指及尾指屈曲、手掌的小肌肉力量,同時也會負責無名指及尾指手掌內側的感覺。尺神經會在手肘經過一條管道,稱為肘管。在肘管中,尺神經位於比較表淺的位置,隔着皮膚也能

Course Title

THE 21 LECTURES GIVEN BY
THE SILENT TEACHERS

無言老師
給我們的 21 堂解剖課

185

摸到。

有些人天生的尺神經線並沒有完全藏在肘管內,或經常進行重複屈伸
的運動,如打網球、打籃球等,令神經因此反復在骨頭上摩擦而發炎,
導致手指麻痺無力。或是,有些人因為長時間屈曲手肘而造成神經
拉扯,導致神經受損。

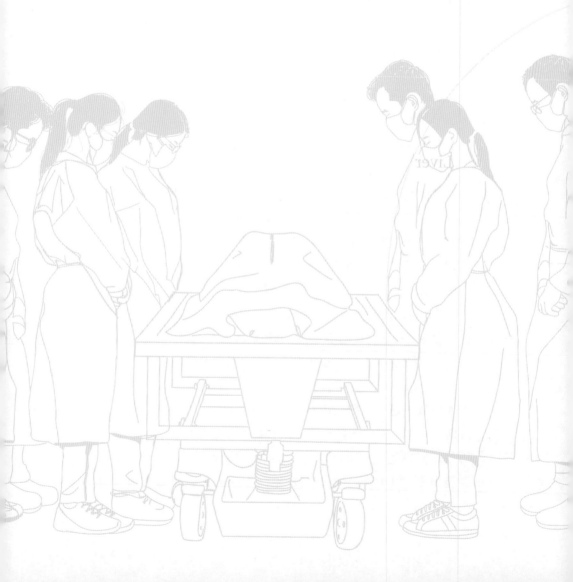

最後一段路的陪伴者 ——郭志銳教授

不論在影視劇集或是媒體呈現的形象中,醫生的角色總是與救急扶危、拯救生命的畫面有關。然而,在真實的醫療世界裏,醫生的使命可不只是把生命延長那麼簡單。大家都喜歡聽病危的青年和小孩如何被救活的故事,卻慣性避談年老與死亡。然而,人總會老,死亡亦是家屬和自身必須面對的階段,當生命快將完結的時候,人又需要怎樣的醫療?

郭志銳教授是老人科專科醫生,有些人可能會好奇,眼睛有毛病去眼科,骨頭出問題去骨科,那患有什麼病才要去老人科呢?原來老人科是專為一些體弱多病的老人而設,當人到了一定年紀,身體可能會同時出現多種毛病。「與專科醫生不同,在老人科用藥需要考慮和配合很多問題。」郭志銳說。老人科的藝術,就是同一種病在不同人身上也需要用不同的醫治方法,除了病理本身,也要顧及老人家的家庭環境和社區配合。話說有一位患有失智症的獨居老人,每天都要吃一顆藥,然而考慮到老人可能會忘記吃藥,郭志銳便細問她的生活習慣,原來婆婆每天下午也會去快餐店找一位朋友閒聊,因此郭志銳便着婆婆把藥交給那位朋友,讓那位朋友每天提醒婆婆吃藥。這種超越病理的全人關懷,正正就是老人科精妙之處,有時一個細心的提示,比藥物本身來得更重要。

老人專科不是最熱門的專科。在醫療過程中,醫生會特別在意兒童病人,郭志銳則剛好相反,他喜歡跟長者相處。郭志銳解釋:「每一個嬰兒出生時也是差不多的,但隨着年月,人會從不同的環境與命途中成長,兩個同樣是九十歲的人也可以有很大的差

Course Title

THE 21 LECTURES GIVEN BY
THE SILENT TEACHERS

無言老師
給我們的 21 堂解剖課

187

異。和各個性格與經歷不盡相同的老人相處中，可以看到各種人生的意義。」可能是因為喜歡人生的複雜性，郭醫生在老人專科當中，對認知障礙最感興趣。

「曾經有個研究列舉癌症、中風、心臟病和腦退化等十個長期疾病，要受訪者在當中選擇一個最害怕的病，調查發現人們最害怕的是腦退化。因為腦退化是在不知不覺中慢慢發生，病發後沒有藥物可以有效解決，即使再有效的藥，也只是治標不治本。」郭志銳說。腦退化讓病人感到很無助，雖然它不會很快致命，但會令人慢慢失去價值和自主。

「當一個人患上癌症，他仍然可以在能力範圍內自主生活，然而當一個人得了腦退化症，他便會失去了自主能力。因為失去正常的判斷力，老人想做的事，周遭的人可以提出反對，這狀況對於老人來說猶如失去了尊嚴。例如一位腦退化症病人希望把所有遺產交給他的小狗，身邊的人必然會反對，即使立了遺囑亦可以被評定無效，腦退化症使人失去了決定任何事情的權利。」郭志銳解釋道。

除了失去自主，腦退化患者還會失去最珍貴的東西——自身經歷和

郭志銳教授在賽馬會「以書為本」護理培訓計劃《一雙》微電影首映會暨「再思『約束』」分享會上發言。

回憶，甚至還會失去了自我，忘記了自己是誰。即使生命還在，但「我」已經不再存在。

郭志銳指在臨牀經驗中，很多時難以平衡腦退化患者的意願和家屬的保護。腦退化患者有時會走失，或不自覺地做出危險行為，家屬對患者的約束是源於保護他們的安全。然而，郭志銳亦見過很多家屬會絕對地控制腦退化患者，這有時亦讓他十分慨嘆，也就例如應否把老人困在家一事，雖然不讓患者外出可以確保安全，但同時使他們失去了自主。因此，郭志銳認為照顧腦退化患者比照顧一般傷殘人士產生更多矛盾。醫生的工作更不止是醫治疾病，更重要的是開導家屬與患者之間的關係，協助他們解決日常生活中的矛盾。對此，郭志銳坦言，不少同業覺得處理這些問題十分麻煩，但他卻樂意花這些心力，因為他始終認為，醫生不止是醫病，而是醫人。

在老人專科，郭志銳看到不同人看待生死的態度，也就是人生百態。當老年人步入最後階段，有些家屬對死亡的態度淡然，時候到了便接受；亦有些家屬執著生命，希望把病人的生命盡能延長。他見過患有認知障礙、中風後半身不遂及患上腸癌八十多歲的女病人，因為家屬很不捨母親離去，所以要求醫生用盡一切醫療手段把她救活。結果老人在沒法自主的情況下，插着喉，肚子開了刀做手術，在捱了一段時間後離世。郭志銳形容，有時候對於老人來說，醫療手段只是在延長死亡的過程，但同時會承受了很多痛苦，到底這樣又是否能體現生存的意義呢？

郭志銳表示，他很明白人們為什麼會逃避面對死亡，因為人生在世，如果經常想到死亡的話，人就會感到不安。所以我們好自

Course Title

THE 21 LECTURES GIVEN BY
THE SILENT TEACHERS

無言老師
給我們的 21 堂解剖課

189

然地就會忘記自己會死的現實。但郭志銳認為，接受死亡並不一定
就是悲觀的，平常心亦不代表什麼也不做。相比起搶救，郭志銳
更願意陪着病人面對死亡，希望讓病人有質素和尊嚴的死亡，讓他
們在最後的時間過得快樂。醫人和做人也是同樣，盡量爭取自己
想做的事情，爭取不到就接受結果。「老人的生命像鐵達尼號，
即使知道船將會沉沒，也要在最後的數小時，抓緊片刻的光輝，
然後放手。」郭志銳説。大概，這個想法不止是應用於老人專科，
套用於人生，也應如此。

耆智園員工悉心照顧認知障礙症病患者 ▲

位於沙田的賽馬會耆智園是一所非牟利腦退化症綜合服務中心 ▶

CLASS **02.9**
感官系統
LESSON
20 眼

第二十課 **眼**

更多資訊

鳴謝：李衍蒨小姐

近十年，都市人都是手機不離手，不論何時何地都會在看或是滑手機。而且很多人都不知不覺養成了一個習慣，就是在睡覺前滑一下手機，不過一滑就會到凌晨一兩點，甚至三四點。亦因為本身真的只是想在睡覺前「輕鬆」一下而已，所以通常滑手機的時候已經習慣性把燈都關上。

早前有媒體報道，內地有一名男子習慣每晚睡前關燈玩手機，最近改為用手機觀看網上影片，每次都長達 1 小時。不久之後，他突然發現眼睛無法聚焦，視力變得模糊，他嚇得立刻睡覺，以為隔天會改善，可是醒來後視力並沒有恢復。到醫院檢查，發現他的眼睛靜脈出現阻塞的情況，即俗稱「眼中風」。

腦中風可能比較常聽到，但「眼中風」又是什麼？想知道，就必須要由眼睛的結構開始認識！

解剖課：眼

從一出生開始，眼睛就是孩子與外界接觸 的重要通道。當胎兒還在母親的子宮裏面時，身體最先發展出來的器官就是腦及眼睛。雖然如此，但嬰兒在出生後直到幼童期，眼睛的生理發育仍然不斷地持續進行，而實際發展也隨着年齡有所不同，一直到六歲才能

Course Title

THE 21 LECTURES GIVEN BY
THE SILENT TEACHERS

無言老師
給我們的 21 堂解剖課

191

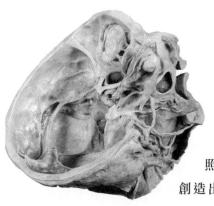

達到正常標準。

成熟了的眼球結構，就如一部小型
照相機，能接收物件表面反射的光線，
創造出我們看到的影像。虹膜（iris）就如
相機鏡頭般運作，負責控制瞳孔（pupil）。
而瞳孔可以變大縮小，以控制進入眼內的光線。

當眼睛接受到適當聚焦的光線後，視網膜（retina）就會負責分
析有關物件的顏色、深淺及形狀，並以電子脈衝的方式透過視神經
（optic nerve）送到腦部。視神經是十二對腦神經中的第二對，
始於眼球的視網膜，穿過視神經管入腦，傳導有關視覺影像。由於
視覺神經與腦部多個區域鏈接，因此我們的情緒、經驗和視覺脈衝
會合為一體，形成影像。換句話說，視網膜捕捉到光，但不知道
自己「看到了什麼」，這一切都依賴脈衝信息到達腦部之後，大腦
對照知識和經驗加以分析，我們才對影像有所了解。而有趣的是，
視網膜傳送的影像其實是上下調轉的，不過腦部會幫我們將影像
糾正。

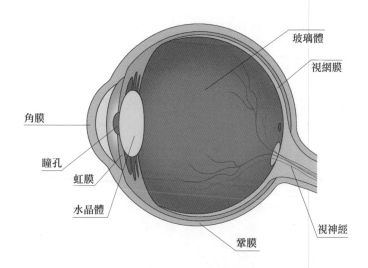

玻璃體
視網膜
角膜
瞳孔
虹膜
水晶體
視神經
鞏膜

位於眼睛最前面的透明部分是角膜（cornea），它覆蓋着虹膜、瞳孔及前房（anterior chamber）。正常是無色、透明的，所以可以透過角膜看到虹膜的色澤，如果虹膜的色素偏淡，就會呈現「藍色眼珠」；如果虹膜色素偏多就會是「黑眼珠」。而前房就是角膜與虹膜之間的空間，裏面充滿着「房水」。而角膜會與晶體（lens）合作，針對我們所看見的物件的遠近，將光線聚焦於眼球後方的視網膜上，尤其是黃斑（macula）的部分——該處含有大量圓錐細胞，與中心視力、形狀及顏色有關。晶體能夠做出如此彈性的調整，是因為晶體的厚薄及形狀可以隨着懸韌帶（suspensory ligaments of lens）的鬆緊而改變：變薄就能看清楚遠景，而變厚就能看清楚近距離的東西。

位於晶體後面的透明膠狀物體是玻璃體（vitreous humor），它填滿了眼球的後腔。這個放滿了玻璃體的地方稱為玻璃體室（vitreous chamber），協助維持眼球的形狀。年輕人的玻璃體比較固態，相反隨着年紀增長或是患上眼疾，玻璃體會出現「液化」的情況。如果玻璃體流失，就不能再生，眼球更因為失去了支撐而容易導致視網膜脫落。

健康生活小知識：
晚上玩手機，關燈還是開燈好？

「眼中風」其實是因視網膜血管阻塞所引致，通常見於老人家。不過，如文章開頭所述的男子那樣，不良生活習慣也可以造成「眼中風」。因為他長期關燈看手機，眼睛受熒幕刺激，精神高度緊張，繼而造成了血管阻塞。雖然，靜脈阻塞並不會導致立刻失明，但動

Course Title

THE 21 LECTURES GIVEN BY
THE SILENT TEACHERS

無言老師
給我們的 21 堂解剖課

193

脈阻塞就會!只要沒有在 90 分鐘之內治療處理,眼球就會缺乏血液供應及營養,繼而難以恢復視力。

雖然「眼中風」在香港並不常見,但並不代表關燈看手機對眼睛沒有任何影響。長期睡前關燈看手機,可導致眼睛疼痛、視力下降、黃斑部病變,或引致白內障、眼乾等症狀。如果有家族病史的話,甚至會因而增加患有急性青光眼的風險。萬一真的出現「眼中風」的情況,請記得要在數個小時之內治療,否則視力會永遠受損,導致局部失明或是視線模糊、黃斑水腫等後遺症。重點是,「眼中風」並沒有疼痛感或癢感,反而會出現徵兆,如「黑矇症」(即短暫時間內出現視力模糊或是失明,但會在半小時內恢復)。不過同時,這個症狀也會出現在腦中風的病例當中,所以一旦出現這個情況,求醫是必須的。

因此,要在睡覺前看手機的話,為了減低眼睛吸收藍光,就必須要把房燈開着或是佩戴具藍光過濾功能的眼鏡。不過,在睡覺前還是不要看手機比較好,睡眠質素也會大大提升啊!

醫學科技新發現:高解像仿生眼

眼睛是人類的靈魂之窗,眼球的結構實在複雜無比又非常奧妙。可是,有時候無可避免因為年長退化,甚至因為一些疾病、意外而造成病變。可惜,不是每個眼疾都可以根治的,不少先天眼部有缺陷的人都因此失去全部或局部視力。

最近有兩所大學合作，成功研發了全球首顆納米視網膜人造眼球 —— 電化學仿生眼（Electrochemical Eye，EC-eye），團隊更在著名科學期刊《自然》發表相關研究成果，希望可以未來十年內用在人體身上，讓視障人士、視網膜病變患者有重見光明的機會。

團隊配合多項技術，以納米技術研製出納米視網膜，使感應器以 3 微米之小的間距，緊密分佈在弧型表面，仿效人眼視網膜中的感光細胞；亦以液態金屬線模擬人眼神經線。團隊解說這仿生眼不只成功還原影像，更因感光器密度很高，對光線的反應速度及成像表現比人眼更高！希望可以在未來突破人眼限制，發展到具備紅外線感光、立體視覺等功能。甚至，有望為眼疾患者植入仿生眼或人造視網膜，以手術將其與視覺神經連接，重新接受光源信號，恢復視力。

法醫學小知識：人死後眼睛的變化及作用

心跳一旦停止，虹膜就會隨之而鬆弛，一對瞳孔會出現放大（即是散瞳）的現象，不過如果是因為某些藥物中毒而死的話，瞳孔就會縮到極小，稱之為「縮瞳」現象。此外，在人死後經過一段時間，身體逐漸乾燥，角膜也一樣會有同樣的轉變，再加上蛋白質的變化，角膜就會開始渾濁，不過這個變化的速度會按眼睛的開合情況而有所不同。換句話說，如果是死後未能瞑目的話，這個乾燥速度就會很快 —— 約在死後一天角膜就會渾濁，甚至會看不見中間的瞳孔。

Course Title

THE 21 LECTURES GIVEN BY
THE SILENT TEACHERS

無言老師
給我們的 21 堂解剖課

195

除此之外，法醫科最近的研究發現，可以利用眼睛裏面的玻璃體來推斷死亡時間（postmortem interval）。這是由於玻璃體存在的位置相對封閉，受環境因素影響較小（包括腐化的影響，受到污染及發生化學變化也比其他體液慢）。透過分析玻璃體裏面的次黃嘌呤（Hx）形成與缺氧環境的關係等，發現次黃嘌呤的濃度會隨着死亡時間的延長而升高。當然，指標上，鉀（Potassium，K+）的濃度也是參考的參數之一，不過次黃嘌呤的檢測更適合無缺氧的情況下，研究更指出死後 24 小時內作出的推斷會相對可靠。

CLASS **02.9**
感官系統
LESSON

訪談

一雙遺憾的眼睛 ── 任卓昇醫生

「黑暗是很恐怖的,在黑暗中讓人絕望。」光明,是希望與快樂的象徵,見證無數病人重見光明的任卓昇醫生,從求學時期開始,便感覺到助人從黑暗回到光明的使命十分重要。任卓昇在一次當海外義工時,發現原來眼科治療只需要帶上輕便的工具,便可以到偏遠的地方使人復明。能把所學到的知識幫到更多更遠的人,讓任卓昇感到有意義,於是,他立志成為一位眼科醫生。

最終任卓昇憑着努力實現夢想,成為眼科專科醫生,每天為病人治理眼疾。然而,大約在六七年後,他開始看見行醫的限制。

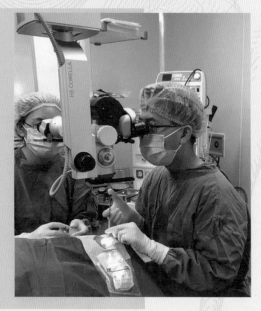

正在進行眼科手術的任卓昇醫生

有一次,任卓昇接觸到一名只有六歲的病人,病人其中一隻眼睛只餘下一成視力。任卓昇發現,原來很多基層小朋友,由於護眼意識不足,很多時候會有「懶惰眼」的出現──弱視。然而,家長可能忙於生計,加上知識不足,未能發現小朋友的視力問題,到發現之時小朋友的視力已經是永久受損,為時已晚。患有「懶惰眼」的小朋友大多來自基層家庭,這情況讓任卓昇感到十分可惜。他相信,看見這個世界,是所有小朋友的基本

Course Title
THE 21 LECTURES GIVEN BY
THE SILENT TEACHERS
無言老師
給我們的 21 堂解剖課

197

權利，如果有小朋友因為家境問題而錯失了治療時機，這是應該要讓人反思的。眼睛是探索知識的第一個關口，如果小朋友因為眼睛看不清而不能好好閱讀和寫字以吸收知識，便會追不上學業，更會失去很多機會，變相難以向上爬。任卓昇很希望幫助到這班基層小朋友，於是他發起全港兒童護眼服務計劃，每逢周末免費為學童作眼部詳細檢查，計劃已為二萬個基層家庭服務。

為了可以更關注小朋友的視力健康，任卓昇由醫管局醫生轉職到香港中文大學工作，當醫生治病的同時，也專注於小朋友眼疾研究。病人求醫時，往往只能治標不治本，因此任卓昇認為，研究如何防治疾病，才能幫助更多的人。近年，兒童近視問題愈來愈嚴重，很多人以為近視沒什麼大不了，只要配眼鏡就可以解決，卻不知道原來眼球拉長可能會引致很多眼疾，例如青光眼，黃斑病變等，甚至會致盲。於是，任卓昇與團隊成功研發出用低濃度阿托品眼藥水治療近視，可以有效防止度數增加達 70%，成為全球目前最有效控制兒童近視的方法。

助人無數的任卓昇說：「當了十五年醫生，沒有一日感到後悔。」然而，在他的行醫生涯中，卻有一雙眼睛讓他未能忘懷，至今仍是一個深深的遺憾。

任卓昇教授於柬埔寨進行義工服務

2016 年，任卓昇診斷出一個一歲的幼兒患上眼癌，當時情況已經十分嚴重，需要切除一隻眼睛以保存性命。任卓昇覺得十分可惜，如果能早一點發現，在嬰兒時期開始治療，眼癌是可以治好的。只是，當父母帶孩子來求診的時候，已經到了不得不摘除眼球的階段。當時孩子的父母完全不能接受這個事實，任卓昇勸道他們說：「雖然失去一隻眼睛十分可惜，但其實只有一隻眼睛的小朋友，長大後也可以正常生活，而且現在的義眼已經十分先進，外觀也不會受到太大影響。」

可是，那對父母始終不肯接受孩子需要切除眼球的事實，更不再到醫院覆診。任卓昇再三勸告他們，如果不及早處理，癌症可以奪去孩子的性命。然而，基於傳統思想，那對父母始終十分忌諱身體失去完整性，他們拒絕了醫學，卻花上四萬元買了一個不知來自何方的「仙丹」。任卓昇知道之後，打算尋求法律協助，強制那對父母把孩子帶回醫院。可惜，一切已經來不及了，任卓昇在新聞報道中見到這幼兒的名字，他因為眼癌擴散，壓住了小小的腦袋，最後因為腦積水而去世。

這個幼兒的死亡對於任卓昇來說相當震撼。「眼科醫生的其中一個恩賜是不用面對太多生離死別，想不到自己的病人會這樣死去，讓我十分痛心。」這名幼兒的病，原本是可以醫治的，卻因為沒有得到治療機會而死亡，失去了原本可以擁有的未來。任卓昇既悲憤，亦自責，他認為責任不完全在那對父母，更是公眾教育的不足。如果能在更早的時候發現小朋友眼睛有異，其實根本不用切去眼睛，更不用說會失去寶貴的生命了。

Course Title
THE 21 LECTURES GIVEN BY
THE SILENT TEACHERS

無言老師
給我們的 21 堂解剖課

199

自此，任卓昇致力於嬰幼兒眼睛健康的公眾教育。在香港，每一萬八千名嬰兒中便有一個患有先天性眼癌，一年約有十個。如果由嬰兒時期便發現眼睛有異，是可以把病治好的。於是，他與兒童癌病基金合作，開展了一個公眾教育計劃，由母嬰健康院開始，教導父母為孩子檢查眼睛，如發現小孩有「白瞳症」，拍照時看見眼睛內有不尋常的白點，便有機會是患上眼癌。

後來，有份參與計劃的母嬰健康院，真的發現了一名十二天大的嬰兒有眼癌病徵，並成功用化療把眼癌根治，改寫了這孩子的一生。

為了孩子眼睛能看見光明，任卓昇多年來不斷打破醫者的限制。他相信，醫生的一雙手，可以醫好一個一個病人，但是科研及公眾教育，卻可以醫治一整代人。

任卓昇醫生（左三）致力推動科研及公眾教育

第廿一課 耳

鳴謝：張智鈞博士（生物醫學學院副教授）

人類是需要社交的群居動物。我們不單止以文字、圖畫、手勢去溝通，更會說話、製作音樂及聲音等。而在以上各種溝通方式之中，以話語及音樂最有效引起他人即時反應、牽動他人情緒，因而能夠讓我們去建立關係，又或是能夠抒發我們難過及憤怒等情緒。難怪，莎士比亞（Shakespeare）在《王子復仇記》（*Hamlet*）第三幕第二場中寫到：「我會對她說如匕首般的話，但我不會用它。（I will speak daggers to her but use none.）」

耳朵其實是一耳兩用！除了聽聲外，它另外一個重要功能就是用作頭部的角度及感知裝置。

到底為什麼我們臉部兩側的這個器官這麼厲害，既能夠讓我們聽到別人的說話和美妙的音樂，同時又能用於頭部感知？

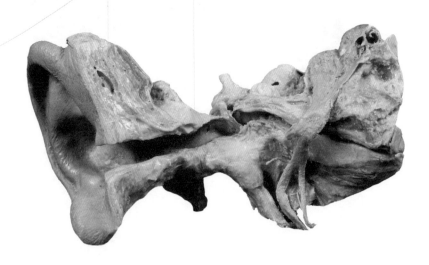

Course Title
THE 21 LECTURES GIVEN BY
THE SILENT TEACHERS

無言老師
給我們的 21 堂解剖課

201

解剖課：耳

我們能夠利用聲音去溝通，是因
為我們的耳朵是一個非常成熟的器
官，可以處理及感知空氣粒子的震動，
然後與大腦溝通，將這些感知的震動轉
換成我們認知的聲音。當然除了用作溝通之外，聽覺是我們很
重要的一項生存技能，尤其在一些緊急情況之下特別重要！

外耳：收集及集中聲音

耳朵的結構分成三部分：外耳（external ear）、中耳（middle ear）
及內耳（inner ear）。耳朵裏面的薄膜為鼓膜（eardrum），作為外
耳及中耳的分界。外耳包括耳廓（pinna），亦即是臉兩側向外伸出的
部分，及外耳道（ear canal），即是我們平常俗稱耳孔的部分。

耳廓的形狀有利於反射及收集聲波傳送到耳內，耳道是連接耳廓
至中耳的通道，它可以放大 3,000 赫左右的聲波，並將聲波送到
鼓膜，再到中耳及內耳。耳廓其實很容易受到破壞，因為它只由
皮膚、軟骨及結締組織所組成。如果耳廓的軟骨壞死，耳廓的外型
可能也會改變。

中耳：三塊聽小骨

人體中耳內有三塊聽小骨（auditory ossicles），它們都是
按着其形狀來命名：

· 錘骨（malleus）——形狀猶如錘子一樣。

· 砧骨（incus）——形狀猶如鐵砧，即以前一種用以放置物體來鍛打的堅硬平面。

· 鐙骨（stapes）——形狀猶如鐙，即安放於馬鞍旁邊，令騎者更容易在鞍上坐穩的腳踏。

錘子般的錘骨為最外面的聽小骨，與砧骨相連，而砧骨則與鐙骨相連。錘骨將力傳到耳蝸，三塊聽小骨利用槓桿原理來放大聲音。因此當空氣傳至外耳道末端令到鼓膜震動時，在旁的錘骨會受影響而震動，經過砧骨傳到鐙骨，繼而刺激內耳。這三塊聽小骨，雖然「骨仔細細」，力量卻很大！沒有它們聽覺會受到影響。簡單來說，三塊聽小骨的距離控制了聲波的大小，而這個距離都是以肌肉所控制的。三塊聽小骨的距離越近，聲波就越大。

內耳：「蝸牛」

聲波被中耳放大後就會傳遞到內耳，然後經過一個充滿液體，呈螺旋形、像蝸牛殼的部分。這個部分稱為耳蝸（cochlea），早期解剖學家因看到耳蝸與蝸牛十分相似，故決定以蝸牛的希臘文「cochlos」來命名這個部分。耳蝸裏面有很多毛細胞，亦即是聽覺細胞，毛細胞底部是神經末梢，而毛細胞的數量是固定的，不可再生的，所以老年人聽力減弱多半與毛細胞衰退有關。

內耳除了有負責聽覺的耳蝸，耳蝸上的三半規管（semicircular canals）是感知平衡的裝置，屬於前庭系統（vestibular system）。當中，前庭系統的小囊（saccule）可感知頭的傾斜，

Course Title

THE 21 LECTURES GIVEN BY
THE SILENT TEACHERS

無言老師
給我們的 21 堂解剖課

203

而三半規管則可以感知旋轉運動。三半規管裏面充滿了淋巴液，
當身體旋轉或是移動，淋巴液也會因慣性相對旋轉，令神經捕
捉到這個改變及動作，知道了身體的傾斜度及動態，然後將這
個信息傳到大腦和小腦，以便作出反應去保持身體的平衡。

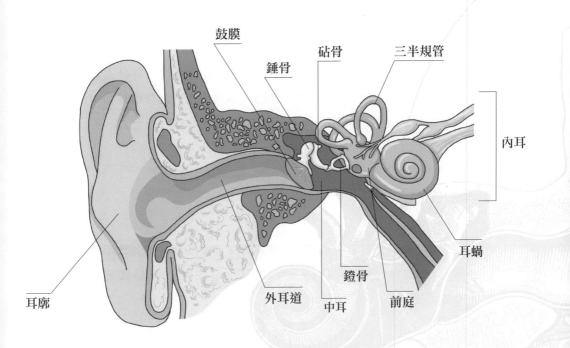

法醫學小知識：
溺斃的原因可能出在耳朵？

游泳是很多人必學的求生技能之一。不過現實是不論你游泳的技術多好，都還是有機會遇溺。其中一個很重要的原因是內耳完全嵌入的顱骨及包圍中耳的部分出血，繼而影響到內耳的三半規管，導致規管循環不良，繼而失去平衡。如果在解剖時發現顱骨的錐體（petrous pyramid）出血，多半都可能會造成以上的狀況。

除此之外，由於中耳及喉嚨相連着耳咽管，當吸入水時，水也會流入耳咽管，當在吞嚥的時候水就會在耳咽管中移動。這情況雖然聽上去很小事，不過卻不停的改變中耳內的壓力，亦能導致椎體血管破裂而出血。

生活小知識：「耳仔軟」

大眾一直認為只要耳骨夠軟的話，耳洞釘在耳骨部分的時候就不會太痛。以前也常聽說女生找另一半最好找「耳仔軟」的，這樣就會乖乖聽老婆話！

那，科學及骨頭有給我們相關的見解嗎？

耳朵——你看到的部分——是由皮膚、軟骨及六組肌肉組成。骨頭組織——無論是骨骼還是軟骨都是由特定的細胞所組成。人在胚胎

Course Title

THE 21 LECTURES GIVEN BY
THE SILENT TEACHERS

無言老師
給我們的 21 堂解剖課

205

的時候開始這些細胞就會慢慢發育成骨頭,唯獨在氣管、鼻、
耳朵、喉嚨等地方找到沒有成為骨頭的部分,亦即軟骨。軟骨
的特性是比較少血管,對於外來力的抗壓力較高,而耳部的
軟骨更經常與鼻的軟骨在重塑臉容的手術當中相互移植,以
協助臉部或是顱骨底有缺陷的人重拾正常生活。

由於軟骨與其他軟組織一樣都會在腐化時消失,換句話說,
人死並腐化後耳朵就會消失不見。從骨頭上看,耳朵消失後就
剩下一個位於顱骨(temporal bone)上的外耳道(external
auditory meatus)小孔。當然,該處軟骨可能會因為病理
發炎或是受創而變得比較硬,這也不能排除。

因此當我們找到一個頭顱時,也絕對沒有辦法從骨頭上去判
斷到底這個人是否「耳仔軟」。同時,科學不同領域當中暫時
依然沒有研究證明「耳仔軟」是與聽話不聽話有關係。

所以,這個說法是不是真的就暫時沒有辦法考究了。

聽見媽媽的聲音——張慧子醫生

當胎兒在媽媽肚中，爸爸總愛輕撫肚子向寶寶說話；嬰兒呱呱落地後，媽媽向寶寶唱過一首又一首的搖籃曲，指着各樣可愛的東西，一句一句告訴寶寶世界各種新奇事物，期待他牙牙學語……

當媽媽來到張慧子醫生的診室，經過測試後，被告知懷中的寶寶從胎兒開始便完全聽不見聲音！可以想像，對懷胎十月以來每天向着寶寶唱歌說話的媽媽而言，是多麼的失落——原來，孩子一句也不曾聽到。

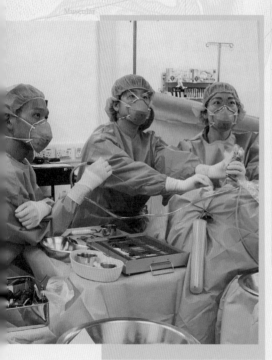

張慧子教授（中）正進行耳科手術

聽覺的重要性，不止在於聲音的接收，更決定了一個人學習語言的能力。根據衞生處統計資料，香港每年約有七十到八十個嚴重失聰的小朋友。當中包括耳蝸神經線、腦內的聽覺神經出了問題，或是先天性膽脂瘤引致的傳導性失聰。人類學習語言的能力是有限期的，在先天性失聰的孩子來說，如果在兩歲前回復聽力，他便有機會能正常說話；三歲以後才得到聽力，言語發展會較遲鈍；七歲之後才獲得聽力，孩子理論上只能聽見聲音，一生都未必能分辨和理解語言。要是錯過了治療時機，孩子便會成為聾啞人

Course Title

THE 21 LECTURES GIVEN BY
THE SILENT TEACHERS

無言老師
給我們的 21 堂解剖課

207

士，只能透過學習手語和文字表達自己。

張慧子指出，過往因兒童聽力篩查未普及，很多小朋友未能在早期發現聽力問題，以致錯過了聽力復康的黃金時間。現在香港聽障和手語學校愈來愈少，因為聽力篩查能及早檢查出小朋友的聽力問題，孩子能把握到治療的時機便可以正常説話。1990 年起，香港引入人工耳蝸植入手術。三十多年來的發展令很多先天性失聰的孩子重獲語言能力。現在更有引進腦幹植入手術，為不能植入人工耳蝸的孩子帶來希望。張慧子説，希望香港以後不再需要聽障學校，每一位小朋友都能聽得見世間的聲音。

張慧子記得，曾經有一位小朋友小靜（化名），在十周時經測試證實為全聾，每天向小靜唱歌説話的父母當刻晴天霹靂。在經歷了兩側人工耳蝸植入手術，小靜仍然無法聽見任何聽音，證明小靜不止耳蝸功能缺損，聽覺神經亦有異常，即使植入人工耳蝸也沒有作用。看着小靜在無聲世界中長大，父母的心一次又一次沉下去。人工耳蝸沒有效果，父母只能考

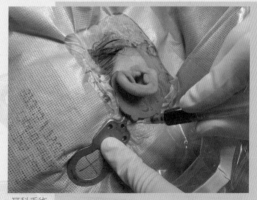

耳科手術

慮為小靜植入人工腦幹，然而一隻人工腦幹需要數十萬元，他們無法負擔。可憐他們的悲聲，小靜亦未能聽見。

多年來，張慧子和她的團隊向政府爭取人工腦幹手術資助，又向政府提供研究證明手術反應良好。終於，政府在 2019 年批出

資助，小靜成為第一個接受資助的病人。經歷兩次手術失敗，由兩歲等到四歲，父母的心情更是複雜。幸好，接受完這次手術後，小靜終於可以得到聽力，能聽見媽媽的聲音、音樂和故事。

更欣慰的是，經過聽力學家和言語治療師半年的治療，張慧子在小靜覆診時更聽到她叫着：「爸爸、媽媽」。

現在的小靜不再是聾啞兒童了！她正在努力用耳朵去感受世界，一字一句地拾回說話。

知道手術成功的一刻，小靜母親差點想抱着醫生哭起來。這個畫面，張慧子至今依然感動，她說：「當了那麼多年醫生，我以為自己會麻木的，但一切卻仍然那麼深刻。」

先天性膽脂瘤是另外一個原因導致孩子聽覺出現問題。通常病發於小童，膽脂瘤蠶食聽小骨導致傳導性失聰。張慧子回想，在耳內窺鏡手術未發展以前，切除膽脂瘤需要從耳背開刀，並將耳骨及相連的組織切除。手術過後，耳道會留下可以放進兩隻手指的大洞，而耳背也會留下一道長長的疤痕。在剛完成手術時，孩子耳內會塞滿了紗布以吸走傷口的血和濃水。而為孩子清理手術傷口時，更如戰場一樣，要把黏着耳朵傷口的紗布夾出，常常讓孩子痛得哇哇大哭，甚至不停掙扎，很多媽媽也抱着孩子一起流淚。

張慧子醫生

Course Title
THE 21 LECTURES GIVEN BY
THE SILENT TEACHERS

無言老師
給我們的 21 堂解剖課

209

耳科內窺鏡手術起源於歐洲，近年在亞洲興起，然而技術仍在發展階段。張慧子是香港中文大學中大耳鼻咽喉頭頸外科的臨牀助理教授，她與團隊正積極研究耳內窺鏡微創手術，更創出將內窺鏡手術由耳朵伸延至腦部的先河，讓手術的創傷及後遺大大降低，患者不需要再經歷洗傷口的痛楚，甚至不需要住院，很快便可以復原。張慧子指，在每一項新手術的研究過程中，也需要先向無言老師學習，透過在人體反覆研究和實踐，才能研究技術的可行性，研究成功後在病人身上施行，因此她對無言老師既珍惜亦感激。張慧子與團隊把技術帶去國內外，希望幫助更多病人。

作為人母，張慧子深深明白到聽見一句「媽媽」是多麼重要，也明白到傷在兒身痛在娘心的感覺。她期盼將來，再沒有小朋友失去說一句「媽媽」的權利，也令患有先天性膽脂瘤小孩的媽媽不再心痛。

遺體

Chapter:

03 遺體
捐贈

Course Title:

THE 21 LECTURES GIVEN BY
THE SILENT TEACHERS

The Lecture on Life and Death Education
Given to Us by the Body Donors

無言老師
給我們的 21 堂解剖課

「無言老師」遺體捐贈計劃

2021 年是香港中文大學醫學院成立的 40 周年，亦是「無言老師」遺體捐贈計劃成立的 10 周年。「解剖學系」也發展成現今的生物醫學院。數十年來，遺體上的解剖教學從未中斷過，這些啞老師默默教導每一代的醫學院學生。

在每位醫學生的學習生涯裏，人體解剖學是醫學訓練中，深入認識及了解人體結構的重要課程，而遺體捐贈者就是當中最默默無聲地付出和教導的一位老師。除此之外，對其他學科如護理學、藥劑學、中醫學、人類生物學、生物醫學等的學生而言，人體標本也是他們一個重要的學習資源。

現在，捐贈遺體的數目不單足夠供應中大醫學院的學生學習，還能讓以人體標本作學習資源的臨牀部門作醫學教育和研究，從而提升手術和藥物在病人身上的成功率和安全性，讓更多病人及其家人受惠。近幾年，消防處救護員亦藉着遺體了解和練習入侵性的救護程序，使無言老師的教學更廣泛地應用到不同範疇。

「無言老師」的緣起

從前，每年從食環署接收的遺體僅僅足夠應付醫學生解剖實驗的需求。這些都是生前無親無故，死後無人認領的遺體，從醫院和殮房送來醫學院的。遺體的另一來源是市民的捐贈，但從這渠道送來的遺體，遠遠不夠當年的教學需求。隨着醫學生數目增加，遺體需求壓力日益沉重。面對這些困難和挑戰，中大醫學院決意打破這些困境，全力推動遺體捐贈計劃。

Course Title

THE 21 LECTURES GIVEN BY
THE SILENT TEACHERS

無言老師
給我們的 21 堂解剖課

213

「無言老師」是香港中文大學醫學院對遺體捐贈者的尊稱,而「無言老師」遺體捐贈計劃的理念也嘗試帶出「尊重」、「人性化」和「社會責任」的理念。「無言老師」這個名字意念源自於遺體捐贈者對每位學生的「無言身教」。計劃的標誌中,長方體的顏色代表「無言老師」那枯竭色的皮膚,中間留白位置寓意學生在遺體身上的每一條刀痕,將來都會化作每位病人的光明道路。

如何推廣遺體捐贈

在資源極度缺乏與社會牢固的傳統思想下,遺體捐贈計劃的同事走入人群,希望逐步把捐贈遺體的信息傳開。我們隨後嘗試接受報紙、電台、雜誌、電視台訪問,以及在醫院、老人院、護老院、長者博覽、各大中小學等,開設生死教育講座。幾年來不斷落區,直接接觸市民、醫護人員、社工和宗教人士等。我們更開放從前被視為禁地的解剖室,讓中學生和其他市民參觀。

遺體捐贈數字的上升,與社會對死後安排日漸開放的思想息息相關,但更重要的是有眾多一直為改變遺體捐贈文化默默耕耘的有心人。香港的遺體捐贈風氣已由過往的小水點逐漸泛起了漣漪,近年社會對此逐漸出現了迴響,市民開始明白到遺體捐贈可以真正幫助到醫科學生,同時讓這種無私奉獻的精神傳承下去。

位於李卓敏基本醫學大樓的「無言老師」送別閣

CLASS **03.1**
遺體捐贈

「無言老師」
遺體捐贈計劃

「無言老師」的身後事

「無言老師」遺體捐贈計劃的運作是這樣的：先人離世後，家人可自行決定安排殯儀程序或委託中大安排先人接送，在出殯當日送達中大醫學院的李卓敏基本醫學大樓，而樓外的「無言老師」送別閣有一

個小花園，家人可以在內為先人進行簡單的送別儀式而且大樓內設有「無言老師」紀念牆，家屬日後可在辦公時間內在先人的紀念名牌前悼念及獻花等。

開學時為「無言老師」作靜默追思儀式

為了讓醫學生體會「無言老師」的無私奉獻，我們會在解剖課之前舉行一個莊嚴的靜默追思儀式以示感謝和

尊敬。直至所有解剖課完結，學生們會在心意卡上寫下對先人的謝意，蓋棺前把心意卡放入棺木，讓信息隨先人火化而去。直至先人火化前，家屬可決定自行尋找殯儀承辦商或委託中大安排火化。即使是委託中大安排先人火化，我們仍然容許家人跟靈車到火化場進行火化禮，作最後安排。

另外，在「無言老師」計劃中，中大會為一些低收入家庭或無依長者提供支援，經中大的合約殯儀承辦商把先人從醫院送來醫學院，因此火化、紙棺木、運輸費用都由中大支付。有時這身後事的服務反成為不少獨居長者參與這計劃的原因。

中大醫學院的「無言老師」在義教工作完成後，可按其生前意願，在火化後把骨灰撒放於將軍澳華人永遠墳場的「無言老師」紀念花園專

Course Title

THE 21 LECTURES GIVEN BY
THE SILENT TEACHERS

無言老師
給我們的 21 堂解剖課

215

區,並由中大負責在紀念牆上的碑位刻名和放置相片。大學每年兩次在將軍澳華人永遠墳場舉行撒灰儀式,會邀請家屬參與,並讓家屬選擇不同的撒灰方式。送別等儀式都是圍繞着尊敬和感謝的信念去而做的,讓師生及遺體捐贈者家屬為先人撒灰和安裝名牌於紀念花園中,希望「無言老師」和其親友都能體會到這份溫暖的感覺,以表敬意。

遺體捐贈的意義

這計劃不但有助學生學習,令有心人能遺愛人間,更讓學生從「無言老師」身上學到人生課題。例如,若果有善心人願意同時捐贈器官及遺體,他們的家人只要事先與醫院溝通好,醫院會先安排器官移植手術,然後在殯葬儀式後把「無言老師」送到醫學院。前者可以令到器官受益人即時受惠及康復,後者則對醫學發展有長遠影響,最終受益是我們的下一代。

用自己的生命成就他人的生命,這是人生另一種的價值和意義。「無言老師」奉獻身後的軀殼,讓醫學生在自己身上學到更多的知識,即使「無言老師」在教導上只有約一年時間,對同學的影響卻是一生的。「無言老師」的大愛感動了很多的醫學生,他們知道遺體得來不易,亦會珍惜上解剖課的機會,立志成為一個好醫生,將來回饋社會。

回想「無言老師」遺體捐贈計劃,在面對解剖室各種資源不足的情況下,走過了不少艱難的時間,才能達至今天遺體捐贈文化在香港逐漸被市民接受。希望本計劃繼續帶來推陳出新的力量,在風雨中繼續前行,一起體會「從死看生,活好當下」的意義。

CLASS **03.2**
遺體捐贈

遺體捐贈者與
家屬的心理研究

遺體捐贈者與家屬的心理研究

鳴謝：陳智豪教授（社會工作學系副教授）

香港中文大學社會工作學系（社工系）及醫學院於 2015 至 2016 年開始合作展開遺體捐贈文化研究，以更全面了解遺體捐贈登記者及喪親家屬對「無言老師」遺體捐贈計劃的想法。研究結果顯示，絕大部分遺體捐贈登記者希望自己的遺體可得以善用於醫學教育；超過 80% 捐贈登記者曾告知家人他們的想法，16% 則未曾與家人溝通相關之決定。部分未有和家人溝通其決定的捐贈登記者，在生死問題和家人關係上，可能面對較大的挑戰。此外，喪親家屬的哀傷情緒亦可能會受捐贈遺體過程影響。

中大醫學院於 2011 年展開「無言老師」遺體捐贈計劃，鼓勵市民在離世後將遺體奉獻教育，以無聲的身軀讓醫學生有機會學習人體結構及解剖，並從中學會感恩及尊重生命。直至 2016 年，已有超過一萬名香港市民登記參加「無言老師」計劃，願意在死後捐出遺體。

「無言老師」遺體捐贈計劃參與者與喪親家屬之生死觀及心理研究新聞發布會

「無言老師」計劃能夠成功推行，有賴各界幫助，其中包括華人永遠墳場管理委員會（華永會）在將軍澳紀念花園設立遺體捐贈者專用紀念牆及「無言老師」撒灰區，並資助中大購買設備改善解剖教學及增加貯存遺體的空間。華永會亦資助中大醫學院和社工系，展開為期

Course Title

THE 21 LECTURES GIVEN BY
THE SILENT TEACHERS

無言老師
給我們的 21 堂解剖課

217

一年的遺體捐贈文化研究，以提升「無言老師」遺體捐贈計劃的服務質素及了解遺體捐贈者家屬在參與計劃前後的心路歷程。

了解遺體捐贈登記者家屬的想法

過往類似的研究主要針對遺體捐贈登記者參加計劃背後的原因及個人生死觀，而這次研究則進一步向喪親家屬了解更多對計劃的看法和支持捐贈者參與計劃的原因。由於現時法例訂明，遺體的處理權為直系親屬擁有，因此登記遺體捐贈計劃及相關證明並沒有法律效力，即使捐贈者在生前已向家人明確表

「無言老師」遺體捐贈計劃參與者與喪親家屬分享對計劃的看法

達意願，喪親家屬仍持有最後決策權。執行遺體捐贈計劃時遇上家屬反對而未能成功捐贈的情況並不罕見。因此，捐贈登記者和家人的溝通情況，以及喪親家屬的心路歷程對改善及推廣計劃同樣重要。

中大在 2015 年 12 月至 2016 年 10 月期間，向 11 名遺體捐贈登記者及 10 名喪親家屬進行深入訪問，並在 2016 年 8 月至 9 月，向 1,070 名已登記的捐贈者進行網上問卷調查。

在深入訪談中，所有受訪的喪親家屬整體對遺體捐贈計劃持正面評

價,家屬經捐贈登記者講解計劃內容及理念後,亦同意捐贈者參與計劃。在執行捐贈程序時,由於遺體需留在醫學院一段時間進行教學,為時數月至兩年不等,因此喪親家屬在等待領取遺體期間,哀傷過程可能會延長,部分家屬會有事件未完成的感覺,直到完成火葬或撒灰儀式後,才認為喪事告一段落。

捐贈者和家人溝通及關係

網上問卷調查發現,捐贈登記者的平均年齡為 46.8 歲,68.5% 為女性,48.2% 沒有宗教信仰。在決定參加遺體捐贈的原因中,首三個原因有多於九成捐贈登記者認同,分別是:1. 善用自己的遺體(98.8%);2. 給予醫科生練習醫術的機會(98.0%);3. 給予醫科生了解真實人體的機會(97.9%)。在捐贈登記者的個人生死觀方面,98.3% 希望簡化處理遺體的過程(如儀式及手續程序),83% 非常認同遺體只是一個軀殼。

在了解捐贈登記者和家人溝通及關係方面,以 1 至 5 分評價捐贈登記者和家人的親密程度(5 分代表最親密),整體平均分為 4.15。受訪捐贈登記者中,80% 有和家人溝通過其決定,但當中有 32.9% 是在登記後才通知家人。另外,16% 的捐贈登記者,在登記前或後都沒有向家人表達有關意願。沒有和家人溝通的主要原因包括:1. 家人意見不會影響自己的決定(96%);2. 認為捐贈遺體是由自己單獨決定(89.3%)。

研究結果亦顯示,是否與家人溝通登記之決定,與捐贈登記者和家人的親密程度相關。與家人愈親密,愈傾向和家人溝通。比較有和

Course Title

THE 21 LECTURES GIVEN BY
THE SILENT TEACHERS

無言老師
給我們的 21 堂解剖課

219

家人溝通及沒有和家人溝通的兩組捐贈者,研究發現前者在統計學
上明顯較後者感到更高的人生意義、較佳的整體生活質素及較低的
死亡焦慮。

建議加強生死教育及鼓勵捐贈者與家人溝通

領導是次研究的中大社工系副教授陳智豪博士表示:「是次研究反
映出捐贈登記者主要希望善用遺體,對醫學教育作出貢獻。研究結
果亦顯示部分未有和家人溝通其決定的捐贈登記者,在面對生死問
題及和家人關係上,可能面對較大的挑戰。因此,我們建議將來
推廣『無言老師』計劃時,加強生死教育及提供與家人溝通的建議,
強調家屬是計劃當中的重要角色,鼓勵有意捐贈或已登記捐贈計劃
的參加者向家屬仔細講解捐贈背後的理念,以及表達自己的決心。
我們期望遺體捐贈是一個對捐贈者及其家人皆有正面意義的共同決
定。」

中大醫學院助理院長陳新安教授表示:「醫學院計劃加強親屬安排
後事及殮葬的支援,以減低喪親家屬面對的心理壓力。我們亦計劃
與社工系合作,招募醫科生及社工系學生,主動探訪部分登記者及
其家屬,讓他們對遺體捐贈能有更清楚的認識,並關顧他們的心理
及和家人溝通的情況。」

遺體捐贈的家庭因素

鳴謝：陳智豪教授（社會工作學系副教授）

死亡只是一個點，生命卻是一條線。正因死亡提醒了我們生命會有盡頭，所以生命線上應多連繫着愛，生命的圖畫才會更精彩。不過，即使有愛連繫着，如果未能與生命中重要的人好好溝通及彼此尊重，生前死後仍會令這份愛有所遺憾。以器官或遺體捐贈為例，如果登記者從來沒有與家人溝通其捐贈的意願，結果會令捐贈程序觸礁。

即使登記者死後能成功捐贈遺體到中大醫學院，很多家屬亦會經歷很多鮮為人知的心路歷程和心理掙扎。由至親離去，讓醫科生進行遺體學習，直至通知家人參與先人的撒灰儀式，期間醞釀過多少堅持、等待和悲痛，這只有家屬本身才能領會。

從登記那刻說起

一般答允死後將其遺體捐贈予「無言老師」計劃的登記者，其原因都是希望能夠善用自己的身體。他們覺得，遺體為無用之物，如今可以給予醫科生作實習用途，亦為醫科生提供了解真實人體結構的機會，由無用變得有用，這會是一件很有意義的事情。這種利他主義對一般市民來說別具意義，因為登記者多認為自己一生只是營營役役，但參加了「無言老師」後，可說是對社會有所貢獻，繼而會感到安慰。

另外，他們對死亡亦持有較開放的態度，登記者認為身體只是軀殼，

Course Title

THE 21 LECTURES GIVEN BY
THE SILENT TEACHERS

無言老師
給我們的 21 堂解剖課

221

並不重要，既然火化後只會成為灰燼，故不會執著保留全屍的觀念。
再者，參加計劃後可減省後人處理殯儀、尋找骨灰龕位等過程造成的
麻煩，而且從控制身後事的安排這一點，亦反映出登記者希望自己能
夠擁有自主能力，從而為自己的死亡作較好的準備。

通常願意與家人在捐贈遺體事情上作出溝通的，多為年長人士，
而且與家人的關係較為親密。他們對人生一般持有較正面、樂觀
的心態，而且心理和整體生活質素亦較好，在面對死亡和死亡過
程中可能承受的痛苦憂慮較少；至於沒有與家人講及捐贈遺體意
向的登記者，他們提出的理由是捐贈與否只是個人決定，而且認
為家人的任何意見都不會左右自己的決定，相信家人一定會支持
自己。有些則是避免爭拗，所以索性不與家人提及遺體捐贈事宜。

當然，這種所謂「有與家人溝通」，亦存在不穩定的因素，例如登
記者只會在申請遺體捐贈前或後與家人溝通，而這種溝通可能只
是「知會性溝通」，或「選擇性溝通」，即只是提及捐贈的部分
內容。而且就算事前和事後都已經與家人溝通過，但「家人」可能
只是登記者的伴侶。跟其他家人，尤其是長輩談及這種事情的
時候，考慮到他們的接受程度，可能會較難開口。這些情況引致
後來可能出現被家人推翻先人捐贈遺願的事情。

登記者與家屬存在分歧

有部分登記者的家人與登記者的看法存在着一定的落差，這不但
對捐贈遺體過程產生了變數，對執行遺體捐贈的家人來說也帶來
了一定的心理壓力。

正當大部分登記者認為遺體只是一副沒有用的軀殼，受訪的家人卻持有不同的看法，他們往往認為遺體是一種象徵，這個象徵代表了與死去的親人的連繫。當家人知道親人死後會被刀割、解剖，他們始終會不忍心去面對這種事情。即使家人遵循離世親人死後的遺願，讓先人遺體作解剖用途，也明白到捐贈遺體對社會有裨益、有意義，甚至已經徹底執行親人的意願，但情感上依然會對親人的遺體感到不捨。

再者，由於部分死者生前未能有效地與所有家人講解捐贈遺體的意願，令執行親屬承受較大的壓力。當其他親人基於迷信（如認為捐贈遺體對後人運程有影響）等原因不同意死者遺願，甚至與執行親屬鬧意見，執行親屬往往會感覺到備受挑戰，在喪親之事上增添不安與無力感。

精神連繫更勝形體連繫

事實上，部分死者家屬除了要面對喪親之痛和來自其他親人的壓力，參與「無言老師」計劃亦可能會延長他們的哀傷時間。一般死者的殯儀程序較短，但當親人成為「無言老師」後，其遺體需要讓醫科生等進行解剖學習，因此由送往醫學院到完成解剖學習後火化，可能需時一至三年。在此期間，部分家屬可能會感到牽掛，認為遺體未火化前，好像仍有未了的心事。而其他親人或基於關心和慰問，可能不時查詢遺體處理事宜，這亦會增加他們的心理負擔。

然而，亦有部分家屬對死亡的觀念十分開明，他們覺得遺體並不是

Course Title

THE 21 LECTURES GIVEN BY
THE SILENT TEACHERS

無言老師
給我們的 21 堂解剖課

223

思念親人最重要的元素。從古至今，親人為了維持對先人的持續連繫，會透過拜祭祖先、保留遺物等形式表達對先人的一份思念。有關哀傷研究的文獻顯示，精神連繫比形體連繫更為重要。有個案指死者親屬因過分思念，全屋的擺設包括一本書、一隻杯等位置也堅持要與死者生前無異，但這種長期的執著心態並不健康。反之，親屬與死者的持續連繫，可以是建基於精神聯繫，例如記掛與他 / 她的快樂回憶和片段，回想他 / 她是如何愛錫自己，記得他 / 她的說話等。

哀傷歷程的轉化

給予喪親家屬哀傷的空間和途徑，藉着有效的溝通和人性化的幫助，顧及死者家屬的感受，這是需要體現在捐贈遺體計劃的每個過程及細節上。尤其家屬在履行先人遺願期間的心情複雜，所以在捐贈的流程中都希望以家屬的角度出發，儘量避免在這段等待時期再增添他們的煩惱與哀傷。

在先人離世後，家人除了需要考慮一般的殯儀程序外，亦可能需要委託中大在先人出殯當日，將遺體接送到中大醫學院。李卓敏基本醫學大樓後門，設有「無言老師」送別閣和小花園，家人可在這裏進行簡單的送別儀式。期間親友心情悲傷與不捨是正常的，當各人離開送別閣，小花園會提供一個給親友抒發悲傷心情的機會，他們可以取一塊已預備的白色石頭，寫上思念的字句，放回花園，成為花園的一部分。

醫學大樓內設有「無言老師」紀念牆，家屬日後可在特別日子，如

位於將軍澳華人永遠墳場的「無言老師」撒灰專區

先人生忌及死忌、清明及重陽等,預約在辦公時間內,於先人的紀
念名牌前悼念及獻花等,藉此抒發哀傷情緒。負責這個計劃的職員
若注意到家屬在情緒上需要輔導或情緒支援,亦會介紹提供相關服
務的社福機構,協助家屬渡過悲傷。

直至先人完成教學,家屬仍可在先人火化前在送別閣作簡單儀式,
並跟隨靈車到火化場進行火化禮。及後,家屬亦可委託中大安排於
將軍澳華人永遠墳場撒灰紀念花園中的專區進行撒灰,而中大醫學
院通常在6月及12月會舉行「無言老師撒灰禮」。

在撒灰儀式開始的時候,教授和醫科生會先致感謝辭,然後進行默
哀儀式,接着讓家屬輪流進行撒灰或宗教儀式,過程中會使用一個

Course Title
THE 21 LECTURES GIVEN BY
THE SILENT TEACHERS
無言老師
給我們的 21 堂解剖課

225

紙撒灰器,名叫「信別」,它可摺成一個猶如漏斗的盛器,家屬可以在摺撒灰器前在上面寫上留言,當盛載好骨灰後,雙手拿起寫滿道謝道愛的「信別」,把骨灰輕輕灑到石頭上,看着細粉落入大地,再把撒灰器放入化寶盆內一同火化。最後石廠工人便會把先人的名牌裝置在「無言老師」的石牆上,立碑表揚捐軀的貢獻。

「無言老師」計劃與啟民創社合作設計的紙撒灰「信別」

或許,隨着社會對死亡觀念的開放,離世時希望保留完整遺體的觀念亦開始改變。登記捐贈器官或遺體,這都不只是個人決定,因為捐贈者的身後事宜,喪親者所行的道路從來也不易走,我們更需要學懂「愛自己、愛家人、愛他人」。

「無言老師」的生前身後事，有誰同行？

年過九十歲，關均賀和孔可珍兩夫妻總是想着，死後遺體要送到中大，成為年輕學子的「無言老師」。兩老今年先後過世，卻沒有隨生命消散而離去，他們生前的故事，是一則有關「同行者」的生命提示。

「不用怕落錯刀」

七年前，兩老的女兒過世，她生前簽署了同意捐贈遺體。兩位白頭人拄着枴杖，從牛頭角屋邨長途跋涉來到中大醫學院，向伍桂麟先生和陳新安教授詢問有關捐贈的細節。兩老很健談，一聽他們說話，就知道他們看過相關的小冊子，也做過資料搜集。

後來，孔婆婆在中大醫學院就讀護理系的孫兒口中得知，醫學生和護士都需要從遺體中學習人體知識。不久，她就跟隨女兒的想法，決定死後捐出自己的遺體。關伯伯見妻子意志堅定，亦一同簽署捐贈，齊上齊落。當時，「無言老師」的計劃剛剛起步，尚未為人所

2012 年，關均賀及孔可珍在女兒死後捐贈作「無言老師」後，到訪中大醫學院解剖室了詳情，並登記成為「無言老師」的一份子。

Course Title

THE 21 LECTURES GIVEN BY
THE SILENT TEACHERS

無言老師
給我們的 21 堂解剖課

227

熟悉，他們二人在教會、社區裏都很落力宣傳計劃，也曾跟同輩長者分享想法。及後，我們請兩老接受媒體訪問，他們也總是爽快答應，毫不忌諱。相關的報道刊登後，社會反應也很正面。

兩老曾經跟醫學生見面，叮囑他們要從自己日後捐出的遺體中好好學習。「我死後會捐到醫學院，你們一定要好好去學習。不用怕落錯刀，錯就錯，都死了！」記憶中，總是孔婆婆比較話多，關伯伯在一旁聽着。但關伯伯擅長寫字，每年都會給中大醫學院寫信，提到身體狀況不太好時，就會淡然寫道：「不知何時死了，就會送來中大。」

在墓碑刻上「開心孖寶」

認識關伯伯和孔婆婆的人都知道，他們有個外號叫「開心孖寶」。他們總是穿着同樣的衣服，形影不離，扶持着彼此生活；孔婆婆常常興之所至哼起粵曲，又不時開懷大笑，教老伴在旁內斂地微笑。其實，兩老本來都是獨居長者，子女大多移民外地，居住於同層的二人每天相遇於屋邨電梯，展開了這段晚年姻緣，於 1997年結婚。

從相戀、再婚到決定捐贈遺體，兩人總是一往無前，沒有理會世俗眼光。

今年三月，關伯伯早一步離世，伍桂麟不時去探望孔婆婆，陪她去認屍、找殯儀公司和往社會福利署處理綜援戶口。告別了至為珍貴的另一半，她的情緒明顯變差，有次一個人出外時跌倒了，自此身體狀況開始走下坡。

經過最為失落的兩個月，有段日子，孔婆婆打起了精神，和上門探訪的伍桂麟輕鬆地談起對於自己身後事的意願——完成「無言老師」的任務後，她想跟關伯伯一同撒灰合葬，墓碑要貼上二人合照，最後一定要刻上「開心孖寶」四字。

「快點幫我處理吧！」到現在這一刻，伍桂麟還記得她欣然的態度。在孔婆婆眼中，死亡並不只有悲傷。

生死教育的「行道人」

或許，處理好身後事令孔婆婆安心下來，今年八月她終隨關伯伯離世。兩老先後去世，伍桂麟不時總想到他們之間有關死亡的對話。

關伯伯曾經跟記者説：「人死了葬下去，全都變沒用，捐贈不是更有用嗎？」華人社會有保留全屍的文化，兩老不太在意，也沒有買骨灰龕位。勞碌半輩子的老人，寧願把金錢花在生前的日子裏頭。孔婆婆總是説自己沒文化，生前沒貢獻；那麼死後捐出的遺體，既然有所價值，即使是被割千刀都不怕。她唯一的寄望是回饋社會。

早在五年前開始，關伯伯的身體轉差，孔婆婆心裏甚至有個想法：如果阿伯先走一步，她就跟着他走。他們又討論到病危時應否搶救的問題，兩老也提過「安樂死」；伍桂麟告知他們香港沒有這一回事，但是有針對晚期病人的紓緩治療。

兩老很豁達，很快接納這些生死觀念，也走得很前。或許，早在

Course Title

THE 21 LECTURES GIVEN BY
THE SILENT TEACHERS

無言老師
給我們的 21 堂解剖課

229

兩老邂逅並再婚的時候，他們就已經解放了自己的思想，能夠在晚年放膽去做自己想做的事。在伍桂麟眼中，他們像是基督的傳道人，更是「行道人」。這幾年來，兩老身體力行去實踐信仰、影響同輩，伍桂麟認為這是他在生死教育上做得多好也無法比擬的。

他們的同行者

在關伯伯和孔婆婆的心中，對於死後的期望，是做醫學生的「無言老師」、做社會的「同行者」。不過，讓伍桂麟感受更深的是，他們晚年身旁並沒有「同行者」。

兩老基層出身、住在公共屋邨，一直以積蓄和綜援過日子。年屆九十歲有多，兩人未有申請上門照顧服務，也沒有家務助理；家務、飯菜樣樣要自己動手做。老人家惜物，卻使家裏囤積不適宜使用的家具，家居意外頻生。移居海外的子女每天都會輪番關心父母，但畢竟人在異地，緊急時刻未必能幫上忙。

當疫症殺來，社區支援中斷，這些長者便處於邊緣又隱蔽的位置。有一段時間，兩老經常去的社區飯堂暫停開放；關伯伯去世後，社工因為疫情無法上門，伍桂麟常帶着防疫物資去探望孔婆婆。當時，她心裏總是不願麻煩他人為自己冒險。

老人家想要回饋社會，但是，他們原本的生活卻一直匱乏。

230

CLASS **03.4**
遺體捐贈

「無言老師」的
生前身後事，有
誰同行？

關伯伯和孔婆婆的故事只是冰山一角。這大半年，許多老人家失去
了社區支援的稻草，相信相關的死亡率不低。在伍桂麟居住的社區
裏，其中一座大廈短時間內就有兩位老人家獨自死在家裏，直至遺體
發脹發臭才被人發現。試想像一下，每天香港有多少同類事件正在
發生？

世紀疫症當前，香港人總是具備自救能力。但是，我們也要記住，有
些人無法自救。如果，我們每個人都可以多行一步、多做一些，在社
區建立鄰里關係，或許就可以張開一張互助的網。這件事做起來並
不容易，或者可以先從關心你的隔鄰開始。又或者，讓關均賀和孔可
珍的故事留在心中，成為你踏出第一步、與他者同行的起點。

陳新安教授與伍桂麟每年探望關生及孔姨

Course Title

THE 21 LECTURES GIVEN BY
THE SILENT TEACHERS

無言老師
給我們的 21 堂解剖課

231

後記：當走眼前路，顧惜身後身

伍桂麟

生有時，死有時。從朽壞的時代中，自己能好好活着，同時把人生的覺悟和追求連結到他人，這是一種幸福。

死亡為每個人設限，同時提醒我們總要活好當下。人生雖則苦短，若能與所愛者分享生死之事，或許會為大家減少死亡來臨前的痛苦和執著。

作為遺體的修復和保存者，即使不能使軀殼化腐朽為神奇，但求保留逝者應有的尊嚴，為生者修復喪親而來的傷痕，減少傷痛畫面帶來的二次傷害，為生者與倖存者日後的療傷之旅鋪路。

作為人體防腐及標本製作者，死亡不是一個終結，死後的身體不再帶有靈魂，但軀殼仍存留義意，為學生及醫護人員帶來知識，為將來的病人帶來希望，給生命多一次留下來的機會。

人體雖則奧妙，難以理解其一二，但歷代的科學家及醫學家不斷探求，成就了今日醫學發展。人生遇到懊惱之時，或許我們會困在其中，只要放下迷思及堅持真理，必有伙伴與自己同行面對。

十年過去，無言老師教導我無私奉獻的精神，這些有關死亡的故事，成了我這些年投入生死教育的動力所在。而過去席捲全球的世紀疫症以及一年多以來眼見各種天災人禍與人道災難，又給了我人生另一個生與死的感悟及體驗式學習。

不過，人生起伏有時，即使死亡在大歷史中從不缺席，但義人面
對死亡威脅之時，往往是人性光輝彰顯之時，為眾生存留希望。

感激各位，每次面對死亡與黑暗仍堅守對峙，只願他朝清晨在同
一屋簷下，記起當日的相知相遇，直等那天的久別重逢。

「行公義，好憐憫，存謙卑的心與神同行。」

參考資料

- Ackerman, N. 2020, October 01. Anglo-Saxon girl's skull with nose and lips cut off is 'earliest physical evidence of brutal punishment for female adultery. Evening Standard. Retrieved from: https://www.standard.co.uk/news/uk/anglo-saxon-skull-female-adultery-brutal-punishment-a4560701.html

- Adelphi University. 2020, April 7. Researcher discovers early, complex brain surgery in ancient Greece. PHYS.org. Retrieved from: https://phys.org/news/2020-04-early-complex-brain-surgery-ancient.html?fbclid=IwAR1bdogCctrRXOykW5DePA1s3Svg8tar8DLr1-a35P3WWL5_-x7N9nOmomQ

- American Lung Association. How Fast is a Sneeze Versus a Cough? Cover Your Mouth Either Way! Each Breath. Retrieved from: https://www.lung.org/blog/sneeze-versus-cough Auer, A. and Möttönen, M. 1988. Diatoms and drowning. Z Rechtsmed. 101(2): 87-98.

- BBC News. 2014, June 20. The macabre world of books bound in human skin. Retrieved from: https://www.bbc.com/news/magazine-27903742

- The Bone Room。2018 年 3 月 7 日。人死後的指甲及頭髮會繼續生長嗎？Beginneros。Retrieved from: https://beginneros.com/articleDetail.php?article_id=22

- The Bone Room. 2015, February 05. Tattoos: Forensic Considerations and Human Identification Part 2. Retrieved from: https://theboneroom.blog/2015/02/05/tattoos-forensic-considerations-and-human/

- Clarkson, H. and Birch, W. 2013. "Tattoos and Human Identification: Investigation into the Use of X-Rayand Infrared Radiation in the Visualization of Tattoos." J Forensic Sci, September 2013, 58(5).

- Cole, G. et al. 2020. Summary justice or the King's will? The first case of formal facial mutilation from Anglo-Saxon England. Antiquity 2020, 94 (377): 1263-1277.

- Cunha, E. et al. 2009. The problem of aging human remains and living individuals: A review. Forensic Science International. 193 (2009): 1-13.

- Davis, B. 1985. A History of Forensic Medicine. Medico-Legal Journal (1985), pp 9-23. Retrieved from: https://journals.sagepub.com/doi/abs/10.1177/002581728505300103

- Davis, S. 2015, January 14. Let's Talk About Binding Books with Human Skin. VICE. Retrieved from: https://www.vice.com/en/article/exm3bk/binding-books-with-human-skin-135

- Goldman, J.G. 2015, August 29. Why does it hurt so much to hit your funny bone? BBC Future. Retrieved from: https://www.bbc.com/future/article/20150827-why-does-it-hurt-so-much-to-hit-your-funny-bone

- Gu, L. et al. 2020, May 20. A biomimetic eye with a hemispherical perovskite nanowire array retina. Nature, 582(2020): 278-282.

- Habbal, O.A. 2017. The Science of Anatomy: A historical timeline. Sultan Qaboos University Medical Journal, 17(1): e18-22.

· Hammond, C. 2013, May 28. Do your hair and fingernails grow after death? BBC Future. Retrieved from: http://www.bbc.com/future/story/20130526-do-your-nails-grow-after-death

· Harvard Medical School. Takotsubo cardiomyopathy (broken-heart syndrome). Harvard Women's Health Watch. Retrieved from: https://www.health.harvard.edu/heart-health/takotsubo-cardiomyopathy-broken-heart-syndrome

· Jurmain,R. Kilgore,L. Trevathan, W. and Ciochon, R.L. 2011. Introduction to Physical Anthropology. 13th Ed. Belmont: Wadsworth Publishing

· Karsai, S., G. Krieger, and C Raulin. 2009. "Tattoo Removal by Non-Professionals–Medical and Forensic Considerations." JEADV.

· Madea, B. 2014. History of Forensic Medicine. Handbook of Forensic Medicine. Ed. B. Madea. John Wiley & Sons, LTD.

· Matuk, C. 2006. Seeing the Body: The Divergence of Ancient Chinese and Western Medical Illustration. JBC 32(1):1-7.

· Mayo Clinic. Heartburn. Retrieved from: https://www.mayoclinic.org/diseases-conditions/heartburn/symptoms-causes/syc-20373223

· Miller, D. 2014. "The human canvasses: Grisly exhibition of framed tattooed skin samples gathered by forensic scientist goes on display." MailOnline. Retrieved from: http://www.dailymail.co.uk/news/article-2883823/Human-canvas-Exhibition-tattooed-skin-19th-century-goes-display.html

· Payne-James, J. J. 2003. History and development of forensic medicine and pathology. Encyclopaedia of Forensic and Legal Medicine 2003(2): 539-566.

· Remarque, E. M. All Quiet On The Western Front

· Rifkin, B.A., Ackerman, M.J. and Folkenberg, J. 2011. Human Anatomy: Depicting the Body from the Renaissance to Today. London: Thames & Hudson.

· Roye, C. 2008, December 14. What Exactly is a Hymen? Our Bodies Selves. Retrieved from: https://www.ourbodiesourselves.org/book-excerpts/health-article/what-exactly-is-a-hymen/ Science Oxford. 2015, July 17. Vestigial Organs. Retrieved from: https://scienceoxford.com/vestigial-organs/

· Soniak, M. 2014, April 03. What is the Funny Bone, and Why Does Hitting It Hurt So Much? Mental Floss. Retrieved from: https://www.mentalfloss.com/article/21474/what-funny-bone-and-why-does-hitting-it-hurt-so-much

· Smith, H. 2018. Vestigial Organs. Encyclopaedia of Animal Cognition and Behavior. Vonk, J. and Shackelford T.K. (eds.). Springer Nature.

- Smith, S. 2007, June 06. Life After Death. The Last Word- New Scientist Blogs. Retrieved from: https://www.newscientist.com/blog/lastword/2007/06/life-after-death.html

- Smithfield, B. 2018, March 12. The bizarre story of how a railroad worker survived an iron rod which went through his skull. The Vintage News. Retrieved from: https://www.thevintagenews.com/2018/03/12/american-crowbar-case/

- 《Topick》。2018 年 4 月 6 日。坐長途機易患經濟艙症候群 醫生教多飲水防靜脈栓塞。取自：https://topick.hket.com/article/2044869/%E5%9D%90%E9%95%B7%E9%80%94%E6%A9%9F%E6%98%93%E6%82%A3%E7%B6%93%E6%BF%9F%E8%89%99%E7%97%87%E5%80%99%E7%BE%A4%E3%80%80%E9%86%AB%E7%94%9F%E6%95%99%E5%A4%9A%E9%A3%B2%E6%B0%B4%E9%98%B2%E9%9D%9C%E8%84%88%E6%A0%93%E5%A1%9E

- Twomey, S. 2010, January. Phineas Gage: Neuroscience's Most Famous Patient Smithsonian Magazine. Retrieved from: https://www.smithsonianmag.com/history/phineas-gage-neurosciences-most-famous-patient-11390067/

- Waldron, T. 2008. Paleopathology. Cambridge: Cambridge University Press.

- Whites. T. 2000. Human Osteology. Academic Press.

- Wittstein, I.S. Broken Heart Syndrome. Johns Hopkins Medicine, Health. Retrieved from: https://www.hopkinsmedicine.org/health/conditions-and-diseases/broken-heart-syndrome

- Velella, R. 2014, December 15. The True Practice of Binding Books in Human Skin. Atlas Obscura. Retrieved from: https://www.atlasobscura.com/articles/anthropodermic-bibliopegy-the-true-practice-of-binding-books-in-human-skin

- Vreeman, R.C. and A.E. Carroll. 2007. Medical myths. BMJ 2007; 335:1288. 吉爾・保羅。2018 年 10 月 27 日。《改變歷史的 50 種醫藥》（A History of Medicine in 50 Objects）。崔宏立譯。積木文化。

- 瑪莉・羅曲。2018 年 8 月 21 日。《不過是具屍體：解剖、撞擊、挨子彈，暢銷書作家帶你解開屍體千奇百怪的用途》（Stiff: The Curious Lives of Human Cadavers）。林君文譯。時報出版。上野正彥。2019 年。《法醫才看得到的人體奧祕》。陳嫻若譯。如果出版。

- 香港糖尿聯會。《認識糖尿病》。取自：http://www.diabetes-hk.org/page/ch/%E8%AA%8D%E8%AD%98%E7%B3%96%E5%B0%BF%E7%97%85%20-%20%E6%B5%81%E8%A1%8C%E6%83%85%E6%B3%81

- 香港家庭計劃指導會。《處女膜》。取自：https://www.famplan.org.hk/zh/our-services/e-services/sex-qa/index/puberty/hymen/detail

- 港怡醫院。《腸易激綜合症》。取自：https://gleneagles.hk/tc/medical-conditions/irritable-bowel-syndrome-1

- 《香港中文大學醫學院》。2015 年 12 月 6 日。中大醫科生向最年輕「無言老師」致敬。取自：https://www.med.cuhk.edu.hk/tc/press-releases/cuhk-medical-students-tribute-to-the-youngest-silent-teacher

- 《星島日報》。2017年7月4日。私家車司機疑閃避馬騮 大埔公路兩車相撞6人傷。取自：https://std.stheadline.com/realtime/article/444406/%E5%8D%B3%E6%99%82-%E6%B8%AF%E8%81%9E-%E7%A7%81%E5%AE%B6%E8%BB%8A%E5%8F%B8%E6%A9%9F%E7%96%91%E9%96%83%E9%81%BF%E9%A6%AC%E9%A8%AE-%E5%A4%A7%E5%9F%94%E5%85%AC%E8%B7%AF%E5%85%A9%E8%BB%8A%E7%9B%B8%E6%92%9E6%E4%BA%BA%E5%82%B7

- 鄭志文。2018年9月24日。【過敏系列】腸太激 生活難！ 忽然肚瀉 一分鐘也無力忍。《明報 健康 網》。取 自：https://health.mingpao.com/%E8%85%B8%E5%A4%AA%E6%BF%80-%E7%94%9F%E6%B4%BB%E9%9B%A3%EF%BC%81-%E5%BF%BD%E7%84%B6%E8%82%9A%E7%80%89-%E4%B8%80%E5%88%86%E9%90%98%E4%B9%9F%E7%84%A1%E5%8A%9B%E5%BF%8D/

- 鄭 昌 賢。2010年4月24日。 夜 間 小 腿 抽 筋 的 原 因。 取 自：https://blog.xuite.net/huigel/wretch/112750383

- 林 以 璿。2018年9月26日。火 燒 心 就 是 胃 食 道 逆 流？《HEHO》。取 自：https://heho.com.tw/archives/23301

- 蔡悅琪。2011 年 6 月 16 日。經濟艙症候群。《馬偕紀念醫院》。取自：https://www.mmhfm.tw/mmhfm/index.php/menu-travel-clinic/58-economy-class-syndrome.html

- 洪雅琦。2014年。產後運動輕鬆學——落實產後運動。《2014產後母嬰照顧研習會》。取自：http://www.midwife.org.tw/upfiles/newsfiles/%E6%B4%AA%E9%9B%85%E7%90%A6-%E7%94%A2%E5%BE%8C%E9%81%8B%E5%8B%95%E8%AC%9B%E7%BE%A9.pdf

- 李洮俊。2012。胰島素發現90年。《李氏聯合診所》。取自：https://www.leeclinic.url.tw/insulin-01.asp

- 賀桂芬、邱淑宜、謝佳君、謝惠靜、范晏萍、蕭智綸。2020。「癌王」胰臟癌：最安靜的致命危機。《康健雜誌》。取自：https://campaign.commonhealth.com.tw/main/pancreatic-cancer-339

- 馮定邦。2020年1月29日。醫路同行：小心膽石「假扮」消化不良。《明報健康網》。取自：https://health.mingpao.com/%e9%86%ab%e8%b7%af%e5%90%8c%e8%a1%8c%ef%bc%9a%e5%b0%8f%e5%bf%83%e8%86%bd%e7%9f%b3%e3%80%8c%e5%81%87%e6%89%ae%e3%80%8d%e6%b6%88%e5%8c%96%e4%b8%8d%e8%89%af/

- 周士閔。2020年07月11日。處女情節OUT！5個必懂常識破解處女膜迷思。《Hello醫師》。取自：https://helloyishi.com.tw/sexual-health/5-facts-about-the-hymen/#gref

- 林晉華。2017年6月26日。信報：眼睛中風 治療爭分奪秒。《香港中文大學眼科中心》。取自：https://www.ovs.cuhk.edu.hk/%E7%9C%BC%E7%9D%9B%E4%B8%AD%E9%A2%A8_%E6%B2%BB%E7%99%82%E7%88%AD%E5%88%86%E5%A5%AA%E7%A7%92/

- 黎明輝。2020年7月25日。肝臟權威：唔使食補肝品 72歲港大教授黎青龍飲酒兼夜瞓「我個肝仲幾好」。《蘋果日報》。取自：https://hk.appledaily.com/lifestyle/20200725/LDZOBRO6MTP452IQTXHVV3BMEM/

- 黃存新。2018年4月17日。只活了10小時的無言老師 堅強媽媽：孩子生活短暫但有意義。《TOPick》。取自：https://topick.hket.com/article/2044380/%E5%8F%AA%E6%B4%BB%E4%BA%8610%E5%B0%8F%E6%99%82%E7%9A%84%E7%84%A1%E8%A8%80%E8%80%81%E5%B8%AB%E3%80%80%E5%A0%85%E5%BC%B7%E5%AA%BD%E5%AA%BD%EF%BC%9A%E5%AD%A9%E5%AD%90%E7%94%9F%E5%91%BD%E7%9F%AD%E6%9A%AB%E4%BD%86%E6%9C%89%E6%84%8F%E7%BE%A9

- 羅紅。2020年2月27日。《婦產科超聲診斷：產科超聲一》。四川大學華西第二醫院超聲科。取自：http://ccftp.scu.edu.cn/Download/20200227125254150.pdf

- 吳家亮。2020年10月9日。零距離科學：人類手術的技術，能否應用在黑猩猩身上？《The News Lens 關鍵評論》。取自：https://www.thenewslens.com/article/141534

- 李衍蒨。2017年7月6日。拆解棺口分娩疑團。《CUP媒體》，【骸骨傳記】。取自：https://www.cup.com.hk/2017/07/06/winsome-lee-coffin-birth/

- 李衍蒨。2017年10月12日。牙齒鑒定。《CUP媒體》，【骸骨傳記】。取自：https://www.cup.com.hk/2017/10/12/winsome-lee-dental-forensic-evidence/

- 李衍蒨。2017年12月21日。人皮書。《CUP媒體》，【骸骨傳記】。取自：https://www.cup.com.hk/2017/12/21/winsome-lee-human-skin-binding/

- 李衍蒨。2018年3月22日。甘迺迪總統身分辨識。《CUP媒體》，【骸骨傳記】。取自：https://www.cup.com.hk/2018/03/22/winsome-lee-body-of-us-president-kennedy/

- 李衍蒨。2018年6月13日。古人比內戰時期成功率還要高的開顱手術。《CUP 媒體》，【骸骨傳記】。取自：https://www.cup.com.hk/2018/06/13/winsome-lee-trephination/

- 李衍蒨。2020年10月15日。有着通姦證明的盎格魯 - 撒克遜頭顱。《CUP媒體》，【骸骨傳記】。取自：https://www.cup.com.hk/2020/10/15/winsome-lee-anglo-saxon-girls-skull/

- 李衍蒨。2020年3月18日。耳仔軟。《信報》，【視線所及】。取自：https://www1.hkej.com/dailynews/culture/article/2406248/%E8%80%B3%E4%BB%94%E8%BB%9F

- 李衍蒨。2020年9月9日。骨骼履歷表：職業司機。《信報》，【視線所及】。取自：https://www1.hkej.com/dailynews/culture/article/2577198/%E9%AA%A8%E9%AA%BC%E5%B1%A5%E6%AD%B7%E8%A1%A8%EF%BC%9A%E8%81%B7%E6%A5%AD%E5%8F%B8%E6%A9%9F

- 李衍蒨。2020年10月7日。骨頭履歷表：電腦用家。《信報》，【視線所及】。取自：https://www1.hkej.com/dailynews/culture/article/2600482/%E9%AA%A8%E9%A0%AD%E5%B1%A5%E6%AD%B7%E8%A1%A8%EF%BC%9A%E9%9B%BB%E8%85%A6%E7%94%A8%E5%AE%B6

THE 21 LECTURES GIVEN BY
THE SILENT TEACHERS

無言老師
給我們的21堂
解剖課

編著：	陳新安教授　伍桂麟
統籌及企劃：	李衍蒨
責任編輯：	周詩韵　陳珈悠
美術設計：	#rickyleungdesign
標本攝影：	周振文
插圖：	Johnson Chiang
出版：	明報出版社有限公司
發行：	明報出版社有限公司
	香港柴灣嘉業街 18 號
	明報工業中心 A 座 15 樓
電話：	2595 3215
傳真：	2898 2646
網址：	http://books.mingpao.com
電子郵箱：	mpp@mingpao.com
版次：	二〇二〇年十二月初版
ISBN：	978-988-8687-39-8
承印：	美雅印刷製本有限公司

© 版權所有 · 翻印必究

本出版物獲第一屆「想創你未來－初創作家出版資助計劃」資助。該計劃由香港出版總會主辦，香港特別行政區政府「創意香港」贊助。

鳴謝：

主辦機構：香港出版總會
贊助機構：香港特別行政區政府「創意香港」

「想創你未來－初創作家出版資助計劃」免責聲明：
香港特別行政區政府創意香港僅為本項目提供資助，除此之外並無參與項目。在本刊物 / 活動內（或由項目小組成員）表達的任何意見、研究成果、結論或建議，均不代表香港特別行政區政府、商務及經濟發展局通訊及創意產業科、創意香港、創意智優計劃秘書處或創意智優計劃審核委員會的觀點。